Gagana Sāmoa

Gagana Sāmoa

A SAMOAN LANGUAGE COURSEBOOK
REVISED EDITION

Galumalemana Afeleti Hunkin

University of Hawai'i Press
Honolulu

First edition 1988, 1992
© Galumalemana Afeleti L. Hunkin
Pasifika Press (Auckland, New Zealand)

Printed in the United States of America
14 13 12 11 10 09   6 5 4 3 2 1

Library of Congress Cataloging-in-Publication Data
Hunkin, Galumalemana Afeleti L.
  Gagana Sāmoa : a Samoan language coursebook, revised
edition / Galumalemana Afeleti Hunkin. — Rev. ed.
     p. cm.
  Includes bibliographical references.
  ISBN 978-0-8248-3131-8 (pbk. : alk. paper)
  1. Samoan language—Grammar.   2. Samoan language—
Textbooks for foreign speakers—English.   I. Title.
  PL6501.H86 2009
  499'.46282421—dc22
                    2009010033

Photographs taken by Galumalemana Hunkin, John Mayer, Potoa'e Malifa, and Va'aomanū Pasifika.
Illustrations by Mathew Hunkin

Designed by Lucille C. Aono

Mo
Oʻu mātua peleina

To
My dear parents

Tuiletufuga Papāliʻi Enelē and Lagimāina Scanlan Hunkin

Contents

Foreword

GOVERNMENT HOUSE
WELLINGTON NEW ZEALAND

The way we order our lives and understand what is happening to us flows out of our culture. Culture is the collective memory, experience, and hope of a group of people. It is something which they have inherited, and it is something which they share.

Language is the key to any culture. If you lose the language, your grasp of the culture is weak. In fact, you will lose it. I welcome this Samoan Language Coursebook especially if it helps Samoan people become stronger within their culture.

New Zealand is a country of many cultures. Samoan culture is a great gift which Samoan people bring to this land. All of us can be enriched by that. This book can only be a source of great encouragement to those who want to learn.

Sir Paul Reeves,
Governor-General

Tuiletufuga Papāli'i Enelē—failāuga (orator) for head of state of Sāmoa, Susuga Mālietoa Tanumafili 11, circa 1970s–1980s

Acknowledgments

To my many past and present students, thank you for your help in the preparation of this book. Over the years, many exercises have been tried in my many classes at schools, institutions, in the community, and in the classroom at university. The testing of exercises and materials in these classes has been invaluable and has enabled me not only to control but also to collate good material for student use. Very sincere thanks to students at Manukau Polytechnic (1970s); the Pacific Islanders' Educational Resource Centre, Auckland (1970s); the Wellington Multicultural Educational Resource Centre (1980s); the Royal New Zealand Police College in Porirua, Wellington (1980s); and Victoria University of Wellington (1990s–).

I will always be grateful to my father Tuiletufuga Papāliʻi Enelē for his encouragement and good advice, and also to my dear mother Lagimāina for all her love and *tapuaʻiga*.

I am also indebted to the work done by other Samoan language scholars. These have assisted greatly in the grammatical and structural explanations. Their works are listed in the bibliography. However, I would like to make special mention of my long time friend and spiritual *uso* and university colleague, afioga Fepuleaʻi Lasei Dr. John Mayer, head of the Samoan programme at the University of Hawaiʻi at Mānoa, for his modern and very helpful rendition of a basic grammar of Samoan. *Mālō lava le fai o le faiva i lau afioga Fepuleaʻi.*

Galumalemana Afeleti Hunkin

Introduction

Gagana Sāmoa is a modern language resource for the learning and the teaching of the Samoan language. It is designed for both personal and classroom use. The book is aimed at Samoans born outside of Sāmoa in countries such as New Zealand, the United States of America, Australia, etc., who are searching for their cultural identity in an adopted land. It is also for anyone else who wants to learn Samoan.

Language is the core of Samoan culture, and this resource hopefully will encourage and stimulate a better understanding of Samoan values through the study of language in all students.

The addition of photographs presents a broader view of *fa'asāmoa* (Samoan culture) not only as practised in Sāmoa, but also outside of Sāmoa in places like the USA (Hawai'i) and New Zealand.

Gagana Sāmoa is not a definitive grammar—it is however an introduction to basic structures and patterns used in spoken and written Samoan. Modern Samoan also continues to grow and expand in its written form. An international group (Fale'ula o Fatua'i'upu) of Samoan scholars and community leaders has recognised and supported the use of the glottal stop (') and the macron (ā). These important marks are used throughout this book to help the student pronounce the words clearly and properly.

Useful references are listed in the bibliography to help students further their understanding of the grammatical rules of Samoan.

'Ava drink—the sacred ceremonial drink of chiefs

Gagana Sāmoa

Pronunciation

To assist with pronunciation, selected lessons in *Gagana Sāmoa* are also available on CD. The CD symbol appears in the margin to indicate recorded text.

Samoan alphabet

The written form of the Samoan language was organised and devised by the London Missionary Society in the early to mid-1800s. Before then Samoan was only a spoken language. The written system formulated then consisted of 5 vowels and 10 consonants.

A E I O U
a e i o u
F G L M N P S T V ' (glottal stop)
f g l m n p s t v ' (glottal stop)

Later, the three consonants H K R / h k r were added to accommodate the introduction of new words from foreign languages, mainly English, Latin, and Greek. These three consonants are part of other Polynesian languages.

Vowels

The five vowels have "short" and "long" pronunciations. The short forms are similar to the way these vowels are pronounced in a number of European languages, while the long vowel forms (originally devised by linguists) have macrons above the vowels to indicate long vowel sounds (e.g., Ā, ā, etc.).

A — long, as in father
short, as the *u* in cut

E — long, as in hey (no y glide)
short, as *e* in set

I — long, as *ee* in week
short, as *i* in sit

O — long, as in low (no *w* glide), e.g., (lolō)
short, as *o* in non-

U — long, as *u* in true
short, as *u* in put
(avoid the *ew* sound as in few)

Note: A macron changes the meaning of the word. Sometimes the macron is omitted in written Samoan, and the correct word is determined by context, especially in Sāmoa itself where native speakers often determine meaning in this way.

a	— tala (story)		ā	— tālā (dollar)
e	— tele (many)		ē	— telē (big)
i	— fili (enemy)		ī	— filī (flea)
o	— moli (orange)		ō	— mōlī (light)
u	— susu (milk)		ū	— susū (wet)

 ## Consonants

Altogether, thirteen consonants are used in the Samoan alphabet: F G L M N P S T V, together with H K R, and the glottal stop, ' . The consonants are pronounced as in English, although the S sound is often less sibilant (not so hissing). The exception is the letter G, which is a soft *ng* sound, as in si*ng*.

Practise these words: Gagana, gogo, logo.

 ## ' Glottal stop

There is an additional speech sound known as the "glottal stop," which is represented by the inverted comma ('). It occurs either before or between vowels in many Samoan words and is treated as a consonant.

for example: 'ava (beard)   va'a (boat)
           tu'u (put)   ti'eti'e (sit)

The sound of the glottal stop is similar to the sound heard when pronouncing the word "bottle" without the two t's, i.e., "bo'le".

The glottal stop must be carefully observed as its omission would change the meaning of many words.

for example: ava (passage in the reef)
           'ava (beard)

 ## Sounds that are not Samoan sounds

'Y' sound: When the letter "i" is followed by another unaccented vowel, a 'y' sound appears in the pronunciation. There is no letter "y" in the Samoan language.

for example: vaiaso (week)   —   vie-yah-so
           iata (yard)   —   yah-tuh

'W' sound: When the letter "u" is followed by another unaccented vowel, a "w" sound appears. There is no "w" in the Samoan language.

for example: uō (friend)   —   woe
           uila (bicycle)   —   wee-luh
           uaua (artery)   —   like wawa

Diphthongs (vowel combinations)

When two different vowels stand side by side in the same word, it is important to give each its own pronunciation, i.e., retaining its separate sound until by practice the vowels "run together". Particular vowel combinations can provide difficulties at first.

for example: *vae* and *vai;* these sound almost the same to the ear of the non-Samoan.

When correctly spoken they clearly indicate leg (vae) and water (vai).

others include: *sao* and *sau*
toe and *toi*
pou and *pō*

 ## Emphasis

In general it is the second to last (or penultimate) syllable that is emphasised or stressed. If a word ends in a diphthong or with a long vowel, the stress will fall on this final diphthong or long vowel.

for example: ma'al*i*li (cold)
p*u*ta (fat)

Be alert however to exceptions, usually denoted by a macron (‾) over the letter to be stressed or lengthened.

for example: mālōlō (rest)
fītā (difficult)

Colloquial pronunciation

In Samoan, there are two styles that mark speech registers, or pronunciation styles; they are called the **"T" style** and the **"K" style**.

The "T" style is used on radio, news media, and educational and religious literature. This style is marked by the use of the **t, n,** and **g**, as well as **k** and **r** for borrowed words. It is often described as "good speech" (tautala lelei).

The "K" style is characterised by the use of **k** instead of **t, n** instead of **g**, while **l** replaces **r**. It is described as the "colloquial style" (tautala leaga) with casual speech as a prominent feature of this style. It is also described as the "intimate style". [See also Lesona 2.]

 ## Pronunciation practise

Having first practised the alphabet, now try the following vowel pairs.

ae	ai	ao	au	'ea	'ei	'eo	'eu	ia	ie	io	iu
'oa	'oe	'oi	'ou	ua	ue	ui	uo				

now these:

uā uē uī uō aeao aua iai iā iō iē iū
aʻo eʻa iʻa iʻu

Repeat this exercise several times.

Nouns

Here is a list of some Samoan words. They are all nouns, i.e., names of things, people, or countries. Say them aloud for practise.

Sāmoa	Sāmoa	mitiafu	singlet
Niu Sila	New Zealand	ʻofuvaeloto	underwear
tamāloa	man	tōtini	sock
fafine	woman	seʻevae	shoe
tama	boy	ʻofu	dress
teine	girl	taulima	bracelet
tamaitiiti	child (male)	pūlou	hat
teineitiiti	child (female)	polo	ball
tamā	father	volipolo	volleyball
tinā	mother	lakapī	rugby
pepe	baby	kilikiti	cricket
ʻauʻauna	servant	tēnisi	tennis
uō	friend	fusuʻaga	boxing
tagata	person	soka	soccer
igoa	name	hoki	hockey
aʻu	me	netipolo	netball
tautala	talk	ʻaʻai	city
ʻupu	word	mea	thing
asiasiga	visit	gāluega	work
pasi	bus	tupe	money
taʻavale	car	tālā	dollar
vaʻa	boat	sene	cent
vaʻalele	aeroplane	faleʻoloa	shop
uila	bicycle	ʻōfisa	office
salu	broom	falemeli	post office
mopu	mop	falesā	church
laulau	table	falemaʻi	hospital
nofoa	chair/seat	fōmaʻi	doctor
puipui	wall	maʻi	sickness
paipa	tap	lāpisi	rubbish
moega	bed	naifi	knife
fāʻata	mirror	tui	fork

ata	picture/photo	iputī	cup
masini tāmea	washing machine	pakete	bucket
'ogāumu	oven	'ato	bag/basket
'eletise	electricity	seleulu	scissors
kasa	gas	'aluga	pillow
kāpeta	carpet	fa'amalū	mattress
televise/tīvī	television/TV	lā	sun
lā'aupese	record player	timu	rain
pusa	box	pō	night
'ofuvae	trousers	aso	day
'ofutino	shirt	kofe	coffee
taimi	time	keke	cake
uati	clock	siamu	jam
tusi	book/letter	māsima	salt
peni	pen	vai	water
'api	exercise book	fugālā'au	flowers
faiā'oga	teacher	lā'au	tree
ā'oga	school	pusi	cat
falaoa	bread	manulele	bird
fuāmoa	egg	povi	cow
'apu	apple	māmoe	sheep
i'a	fish	moa	chicken
falaoamata	flour	faitoto'a	door
suka	sugar	tī	tea
'auala	road		

ʻIe tōga (fine mat)—the most valuable possession of Samoan families. These are used in the Samoan exchange system.

Greetings

🔘 Conversation / Talanoaga

MELE:	Tālofa lava. 'O a'u 'o Mele.	Hello. I'm Mele.
PITA:	'O ai lou igoa?	What's your name?
MELE:	'O Mele Leota. 'A'o ai lou igoa?	It's Mele Leota. And what's yours?
PITA:	'O Pita Semisi.	It's Pita Semisi.

[*one week later*]

MELE:	Tālofa lava, Pita.	Greetings, Pita.
PITA:	Tālofa lava, Mele.	Greetings, Mele.
MELE:	'O ā mai 'oe?	How are you?
PITA:	Manuia fa'afetai. 'Ae ā 'oe?	Fine thank you. How about yourself?
MELE:	Manuia fo'i fa'afetai. Sau 'i totonu.	Fine also thanks. Come inside.
PITA:	Fa'afetai tele.	Thank you very much.

Vocabulary

tālofa (*v*)	—	hello, greetings, good morning/evening/afternoon, hi
feofoofoa'iga (*n*)	—	greetings
tōfā	—	goodbye
fā	—	bye
a'u	—	I, me
'O ai	—	what (who)
lou	—	your
(lau)	—	your (this will be covered later)
lava	—	indeed
'O ā	—	how
'oe	—	you
manuia	—	fine, well, OK
fa'afetai	—	thank you
fo'i	—	also
sau	—	come
i totonu	—	inside
tele	—	very

Gagana Sāmoa

A Samoan taumafataga (meal), traditionally held sitting down. Samoan Studies, Victoria University, New Zealand

Respect or formal language / Gagana faʻaaloalo

Although colloquial language is used by most Samoans in everyday conversation, it is important to show respect for such people as elders, church ministers, teachers, government officials, and above all, the *matai,* or Samoan chief.

Samoan culture (faʻasāmoa) is based on respect (faʻaaloalo), and formal language plays an essential part in expressing this respect. From the simplest of relationships between the young and the old, respectful language displays its most complex patterns of speech in oratory between one *matai* and another.

The learner is introduced to formal or respect language in the following conversation between a chief (aliʻi) and an orator (tulāfale).

 ## Conversation / Talanoaga

Leota (chief/aliʻi)
Tālofa lau fetalaiga, Tuiletufuga.
Mālō le soifua maua.
ʻO faʻapēfea mai le tausi ma le nofo a alo?

Tuiletufuga (orator/tulāfale)
Tālofa lava lau afioga, Leota.
Mālō foʻi le lagi e mamā.
Vae ane lau afioga, ʻoloʻo mālōlōina lava faʻafetai.

An appropriate translation:

Greetings, orator Tuiletufuga.	Greetings, chief Leota.
Good health to you.	Good health to you, too.
How are your wife and family?	With due respect, they are fine. Thank you.

Vocabulary

fetalaiga	—	orator
afioga	—	chief, high chief
mālō	—	good, well done, congratulations
soifua	—	life, health, farewell
tausi	—	respect term for the wife of an orator
'olo'o	—	present continuous tense marker
mālōlōina	—	well, fine

Components of respect / formal language

1. Single respect words used in conversation.

2. Exclusive words and phrases used in ceremonial exchange.

3. Proverbial and figurative expressions taken from Samoan cultural and folklore traditions as well as the Bible.

The replacement of nouns and verbs in common speech by their polite forms is the main feature of this formal language.

EXAMPLES

Everyday terms		Respect terms
igoa	name	suafa
sau	come/welcome	susū mai (general)
	come/welcome	afio mai (chief/wife)
	come/welcome	maliu mai (orator/wife)
fale	house	maota (chief/general)
	house	laoa (orator)
falesā	church	mālumalu
faife'au	church minister	feagaiga
lima	hand	'a'ao
'ai	to eat	taumafa/taute
moe	to sleep	tōfā
ala	to awake	maleifua mai
siva	to dance	sāusaunoa
tautala	to talk	sāunoa (chief/general)
	to talk	fetalai (orator)

These are only a sample. Ask fluent Samoan speakers for help with others.

4. The "T" style (versus the "K" style). In speech, the former is recognised as the *tautala lelei* or *tautala fa'aaloalo*, i.e., "speak well" or "speak with respect". The author acknowledges that most Samoan speakers use the "K" style regularly; however, written Samoan traditionally follows the "T" style. To assist the learner gain an appreciation of the "K" style, compare the styles of the following conversation.

Conversation / Talanoaga / Kalagoaga

"T" Style	"K" Style	English
(A) Tālofa, Pita.	Kālofa, Pika.	Greetings, Pita.
(E) Tālofa lava, Sione.	Kālofa lava, Sioge.	Greetings, Sione
(A) 'O ā mai lou tinā?	'O ā mai lou kigā?	How's your mother?
(E) 'Olo'o manuia fa'afetai.	'Olo'o maguia fa'afekai.	She's fine thanks.
(A) 'Ae ā lou tamā?	'Ae ā lou kamā?	How about your father?
(E) Manuia fo'i fa'afetai.	Maguia fo'i fa'afekai.	Fine also thanks.

Note: The "t" and "n" go together in respectful speech, while "k" and "g" go together in colloquial speech.

for example: (i) tinā — mother ("T" style)   (ii) Sione — John ("T" style)
                       kigā — mother ("K" style)   Sioge — John ("K" style)

Vavalu talo—scraping taro for cooking in a Samoan umu or oven. Samoan Studies, University of Hawai'i

LESONA 3

This, That, These, Those

 Conversation / Talanoaga

At the shopping centre:

IOANE:	'O le ā le fale lale?	What's that building?
MELE:	'O le Maota Sāmoa.	It is Sāmoa House.
IOANE:	'Ae ā le fale lea?	What about this building?
MELE:	'O le Falemeli.	It's the Post Office.
IOANE:	'O fea le falepovi?	Where's the butchers?
MELE:	Lea.	Here (it is).

At the butchers:

IOANE:	'O le ā lenei mea?	What's this thing?
MELE:	'O le itū māmoe.	It's a side of lamb.
IOANE:	'O le ā lenā mea?	What's that thing?
MELE:	'O fasi pua'a.	They're pork pieces.
IOANE:	'Ē, va'ai 'i le tapuvae pua'a lale.	Hey, look at that pig trotter!

Demonstratives

This, that, these, those.

lenei	—	this (close to speaker)
lea	—	this (close to speaker)
lenā	—	that (close to listener)
lele	—	that (not too distant from speaker)
lelā	—	that (away from speaker/listener)
lale	—	that (away from speaker/listener)

1. There are three formal demonstratives in Samoan; they are:

lenei	— this (in possession of/close to speaker);	other form	— lea
lenā	— that (in possession of/close to speaker);	other form	— lele
lelā	— that (away from both speaker/listener);	other form	— lale

2. Singular demonstratives.

lenei / lea (this)
lenā / lele (that — close to)
lelā / lale (that — far away)

3. Plural demonstratives.

nei / ia (these)
nā / nā (those — close to)
lā / lā (those — far away)

Note: In all except two (lea, lele) the plural form is obtained by dropping *le* from: lenei, lenā, lelā, lale.

4. Demonstratives can come before or after the noun they qualify.

for example: before — 'O *lea* mea — (this thing)
after — 'O le mea *lea* — (the thing this)

5. *Ā* is a question word used as the pronoun "What".

for example: 'O le ā? — It's a what? (What is it?)
'O le ā lea? — It's a what this? (What is this?)

'O le ā is also an idiomatic expression used when answering someone's call.

for example: Sole — "Hey, fellow"
'O le ā? — "What?"

Additional practise / Fa'ata'ita'iga fa'aopoopo

(A)	'O le ā lenei mea?	What's this?
	'O le uati lenei mea.	It's a clock this thing.
(E)	'O le ā lelā mea?	What's that?
	'O le laulau lelā.	It's a table that thing.
(I)	'O le ā lenā mea?	What's that?
	'O le peni lenei mea.	It's a pen this thing.
(O)	'O le ā lea mea?	What's this thing?
	'O le tusi lenā mea.	It's a book that thing.

Conversation / Talanoaga

PETA: 'O ā nei mea?   What are these?

MALAMA: 'O i'a.   They're fish.

PETA: 'Ae ā nā mea?   What about those?

MALAMA: 'O talo.   They're taro.

In English we say "chairs" if there are two or more.

In the types of sentences we have learnt so far in Samoan, e.g., *'O le laulau, le* is the definite article which means *the,* and it implies singular or one object.

To form the plural you simply remove *le.*

Thus: **singular**   **plural**

'O le laulau (the table)   'O laulau (tables)

Wrapping fish in tin foil for cooking. University of Hawai'i, Samoan Studies

EXERCISE 1

Translate / Faʻaliliu

In this exercise, you are referring to things near the person you are speaking to.

1. That tree;   those trees.
2. That book;   those books.
3. That baby;   those babies.
4. That bus;   those buses.
5. That man;   those men.
6. That school;   those schools.
7. That child;   those children.
8. That girl;   those girls.
9. That church;   those churches.
10. That teacher;   those teachers.

EXERCISE 2

Write in plural in Samoan

1. ʻO lenei tama.
2. ʻO lenei ʻato.
3. ʻO lenei igoa.
4. ʻO lenā laulau.
5. ʻO lenā fale.
6. ʻO lenā fafine.
7. ʻO lelā tusi.
8. ʻO lelā fōmaʻi.
9. ʻO lea taʻavale.
10. ʻO lea falemaʻi.

EXERCISE 3

Translate / Faʻaliliu

The thing you are referring to is away from the person that you are talking to.

1. That man;   those men.
2. That house;   those houses.
3. That tree;   those trees.

4. That church;	those churches.
5. That book;	those books.
6. That table;	those tables.
7. That boy;	those boys.
8. That bus;	those buses.
9. That woman;	those women.
10. That school;	those schools.

EXERCISE 4

Write the plural for these sentences

1. 'O le ta'avale.
2. 'O le laulau.
3. 'O le 'ato ma le tusi.
4. 'O le mōlī ma le fale.
5. 'O le tama ma le teine.
6. 'O le lā'au ma le 'auala.
7. 'O le 'ato a Ioane.
8. 'O le tusi a Mele.
9. 'O le se'evae o Simi.
10. 'O le ta'avale a Pita.

EXERCISE 5

Change the following into their plural forms

1. 'O lenei mea 'o le 'ato.
2. 'O lenā mea 'o le 'apu.
3. 'O lelā mea 'o le ta'avale.
4. 'O le pasi lelā mea.
5. 'O le va'alele lelā mea.
6. 'O le peni lenei.
7. 'O le 'ato lenā.
8. 'O le 'ofu lenā.
9. 'O lenei tusi.
10. 'O lenā laulau.

EXERCISE 6
Translate / Fa'aliliu

1. What is this?   — It's a book.
2. What is that? (near you)   — It's a basket.
3. What is that? (over there)   — It's a cat.
4. What are these?   — They're books.
5. What are those? (near you)   — They're baskets.
6. What are those? (over there)   — They're cats.
7. What is this?   — That is a tree.
8. What is that?   — That is a shop.
9. What is that?   — That is a table.
10. What are these?   — Those are houses.
11. What are those?   — Those are cars.
12. What are those?   — Those are words.

Using the question particle — *Po*

Po is used as a question particle at the beginning of a question.

    Po 'o le ā lenā mea?   — What is that?
    Po 'o lenei mea 'o se 'ato? — Is this a bag?

Quite often Samoans omit this particle from everyday conversation.

for example: 'O le ā lenā mea?   — What is that?
                'O lenei mea 'o se 'ato? — Is this a bag?

Pē is a similar question particle.

for example: Pē 'o 'oe se Sāmoa? — Are you a Samoan?

Practice

Po 'o le ā lenei mea? — 'O le tusi.
Po 'o le ā lenei mea? — 'O le penitala.
Po 'o le ā lenā mea?   — 'O le laulau.
Po 'o le ā lenā mea?   — 'O le moa.
Po 'o le ā lelā mea?   — 'O le ta'avale.
Po 'o le ā lelā mea?   — 'O le nofoa.

Useful to learn:

Po 'o lenei mea 'o se...?   — Is this a...?
Po 'o lenā mea 'o se...?   — Is that a...?
'Ioe.   — Yes.
Leai.   — No.

Say these for practice (substitution table)

'O le peni.   It's a pen.
   penitala   pencil.
   pepa   sheet of paper.
   tusi   book/letter.
   fale   house.
   fala   mat of pandanus leaves.
   ā?   what?

'O le peni lea.   This is a pen.
   penitala   pencil.
   pepa   sheet of paper.
   tusi   book/letter.
   fale   house.
   fala   mat of pandanus leaves.
   ā?   what?

'O le peni le mea lea.   This thing is a pen.
   penitala   pencil.
   pepa   sheet of paper.
   tusi   book/letter.
   fale   house.
   fala   mat of pandanus leaves.
   ā?   what?

'O le faleā'oga le fale lea.   This building is the schoolhouse.
    falefaitautusi   library.
    faletupe   bank.
    faletele   meeting house.
    faleo'o   small oval hut.
    faleuila   outhouse/toilet.
    falemeli   post office.
    falema'i   hospital.

'O le ā le mea lale?   What is that thing?
    'upu   word?
    fale   building?

(Po) 'o le ā le mea lea?   This thing is a what?
    lele   That
    lale   That (farther)

Three taulele'a of Vailele village, Sāmoa, preparing a pig for cooking in an 'umu

LESONA 4

Articles

The words "the" and "a" are articles.

In Samoan "le" and "se" are their equivalents and they go with nouns as in the following:

'O *le* fale   —   *the* house
'O *se* peni   —   *a* pen

'O is a particle that is used in front of nouns or pronouns. The general rule is that if a noun comes at the beginning of a sentence, 'o must be used before the noun. Nouns by themselves (i.e., in isolation) have 'o in front of them. [See Lesona 11 as well.]

le is the definite article singular (the)
se is the indefinite article singular (a)

Definite article — *Le*

"Le" is used whenever the noun is definite in the mind of the speaker. A point to note is that even though English would use the indefinite article "a" in some definite situations, Samoan uses the definite "le" form. The object referred to in the Samoan mind is definite—it is the one referred to, and "le" signals/reflects this.

for example: 'O *le* povi.   —   It's *a* cow.

Singular and plural nouns in Samoan

1. **A singular noun has an article in front of it.**

   for example: 'O *le* lā'au   —   the tree
                  'O *se* 'ato   —   a basket

2. **A plural noun is formed in two ways.**

   (a) by the absence of a definite article

   for example: 'O lā'au   —   the trees

(b) substituting the indefinite article 'se' with its plural form 'ni'

for example: 'O *se* ta'avale   —   it is a car (singular)
           'O *ni* ta'avale   —   they are cars (plural)

Samoan nouns do not change form in moving from singular to plural. However, there are exceptions:

Exceptions

lo'omatua/lo'omātutua   —   old woman/old women
'olomatua/'olomātutua   —   old woman/old women
matua/mātua   —   parent/parents
tamaitiiti/tamaiti   —   child/children
tamāloa/tamāloloa   —   man/men
teineitiiti/teineiti   —   little girl/little girls
taule'ale'a/tāulele'a   —   untitled man/untitled men
to'alua/ta'ito'alua   —   spouse/spouses
toea'ina/toea'i'ina   —   old man/old men
tuafafine/tuafāfine   —   male's sister/males' sisters

Expression of the indefinite — use *se*

"Se" replaces "le" when the indefinite is to be expressed. It is used when:

1. Referring to one of many.

   'Aumai se tusi.   —   Bring a book.

2. When questioning something's existence.

   'O se pusi lale?   —   Is that a cat?

3. Expressing negative.

   E lē 'o se pasi.   —   It's not a bus.

EXERCISE 7

Translate into English

1. 'O le tamāloa.   6. 'O ni faiā'oga.

2. 'O se falema'i.   7. 'O ni teine.

3. 'O le pepe.   8. 'O tagata.

4. 'O le pusi.   9. 'O falemeli.

5. 'O se uō.   10. 'O ni falesā.

EXERCISE 8

Change these into the plural

1. ʻO le taʻavale.
2. ʻO le laulau.
3. ʻO le tusi.
4. ʻO le fale.
5. ʻO le tama.
6. ʻO le lāʻau.
7. ʻO le ʻato.
8. ʻO le peni.
9. ʻO le taʻavale a Pita.

Plural of indefinite article *se* is *ni*

The plural form of the indefinite article "se" is "ni".

In the sentence:

ʻO *se* lāʻau — It is *a* tree.

the plural becomes

ʻO *ni* lāʻau — They *are* trees.

for example: ʻAumai *ni* falaoa. — Bring *some* bread.
ʻO *ni* ʻapi lā? — Are *those* exercise books?
E lē ʻo *ni* peni. — *They* arenʼt pens.

"Ni" is sometimes omitted in colloquial speech.

for example: ʻO fōmaʻi ? — Are they doctors?
E lē ʻo faiāʻoga. — They arenʼt teachers.

Sometimes when there is no emphasis on the idea of an indefinite number or quantity, the article can be dropped altogether in the plural where "se" is used in the singular.

for example: ʻO *se* taʻavale — a car

the plural becomes

ʻO taʻavale — cars

EXERCISE 9
Write the Samoan equivalent

1. These are watches. (here)
2. These are tables. (near you)
3. Those are chairs. (far, in the distance)
4. What are these?
5. What are those? (near you)
6. What are those? (far, in the distance)
7. These are books.
8. Those are pens.

EXERCISE 10
Write the English equivalent

1. 'O peni ia.
2. 'O 'ato nā.
3. 'O ta'avale lā.
4. 'O ā mea ia?
5. 'O ā mea lā?
6. 'O ā mea nā?

EXERCISE 11
Change into the singular

1. 'O fafine.
2. 'O moli.
3. 'O pasi.
4. 'O laulau.
5. 'O igoa.
6. 'O ā'oga.
7. 'O pō.
8. 'O 'upu.
9. 'O gāluega.
10. 'O ta'avale.

EXERCISE 12
Translate into Samoan

1. The hospital.
2. The city.
3. The person.
4. Friends.
5. A car.
6. A teacher.
7. A bus.
8. Some houses.
9. Some people.
10. A letter.

LESONA 5

Revision

EXERCISE 13

Write the plural for these sentences

1. 'O le ta'avale.
2. 'O le laulau.
3. 'O le 'ato ma le tusi.
4. 'O le moli ma le fale.
5. 'O le tama ma le teine.

6. 'O le lā'au ma le 'auala.
7. 'O le 'ato a Ioane.
8. 'O le tusi a Mele.
9. 'O le se'evae o Simi.
10. 'O le ta'avale a Pita.

Note: The words *lenei, lenā, lelā* also contain the word *le*. Thus, their plurals would be *nei, nā, lā*, simply leaving out *le*.

EXERCISE 14

Change the following into their plural forms

1. 'O lenei mea 'o le 'ato.
2. 'O lenā mea 'o le 'apu.
3. 'O lelā mea 'o le ta'avale.
4. 'O le pasi lelā mea.
5. 'O le va'alele lelā mea.
6. 'O le peni lenei a Ioane.
7. 'O le 'ato lenā a Miliama.
8. 'O le 'ofu lelā o Pita.
9. 'O lenei tusi 'o le tusi a Sina.
10. 'O lenā laulau 'o le laulau a Petelo.

EXERCISE 15

Complete the following using the correct word (nā/nei/lā)

1. 'O 'ato…a Ioane. (close to listener)   —   Those are Ioane's bags.

2. 'O tusi…a Mele. (near speaker)   —   These are Mele's bags.

3. 'O pepa…a Pita. (far away)   —   Those are Pita's papers.

EXERCISE 16

Write the Samoan equivalent

1. What are those? (far)

2. What are these?

3. These are cars.

4. Those are pens. (near listener)

5. These are watches.

6. Those are books. (far)

EXERCISE 17

Write the English equivalent

1. 'O ta'avale ia.

2. 'O tusi nā.

3. 'O uati nei.

4. 'O fale lā.

5. 'O lā'au nei.

6. 'O tamaiti ia.

EXERCISE 18

Complete the following using the correct word (nā/ia/lā)

1. 'O laulau…a Viliamu. (close to speaker)

2. 'O tupe…a 'Eta. (near one spoken to)

3. 'O peni…a Mataio. (far away)

EXERCISE 19

Write the Samoan equivalent

1. This is a watch.

2. That is a tree. (near listener)

3. That is a chair. (far away)

4. This is a pen.

5. That is a car. (far away)

The Negative

The Samoan language has a number of ways of signifying agreement. There is the dignified reply of 'o lea lava, meaning *that is so*. The ordinary word of 'ioe for *yes,* is often shortened to 'i in everyday speech. Samoans also tend to raise the head and lift eyebrows to show agreement.

To signify disagreement, Samoan uses the word *leai* for *no*.

for example: 'E te fia 'ai? — Are you hungry?
                 Leai fa'afetai. — No thank you.

The word for *not* in Samoan is *lē.* In the phrase *E lē,* the word *E* is a tense marker that shows present tense or implied future. The two words used together form a commonly used structure for the negative: *It's not.*

for example: E lē 'o se fale. — It is *not* a house.

You have learnt earlier that:

se is the indefinite article singular
ni is the indefinite article plural

Now study these structures.

1. 'O *se* ta'avale? — Is it *a* car?
   'Ioe, 'o le ta'avale. — Yes, it's a car.
   Leai, *e lē* 'o se ta'avale. — No, its *not* a car.

2. 'O *ni* va'alele lā? — Are *those* aeroplanes?
   'Ioe, 'o va'alele lā. — Yes, those are aeroplanes.
   Leai, *e lē* 'o ni va'alele lā. — No, those are *not* aeroplanes.

EXERCISE 20

Translate

1. E lē 'o se lā'au.
2. E lē 'o se fale.
3. E lē 'o se tusi.
4. E lē 'o se laulau.
5. E lē 'o se nofoa.

EXERCISE 21

Translate

1. It's not a man.
2. It's not a bus.
3. It's not a pencil.
4. It's not a light.
5. It's not a door.

EXERCISE 22

Change into the plural

1. Leai, e lē 'o se tama.
2. Leai, e lē 'o se 'ato.
3. Leai, e lē 'o se tusi.
4. Leai, e lē 'o se uati.
5. Leai, e lē 'o se fale'oloa.

EXERCISE 23

Change into the singular

1. 'Ioe, 'o falaoa nei.
2. 'Ioe, 'o laulau nā.
3. 'Ioe, 'o 'ato lā.
4. Leai, e lē 'o ni va'alele lā.
5. Leai, e lē 'o ni fale nei.

Preparing palusami (fresh young taro leaves) for cooking with coconut cream. Samoan Studies, University of Hawai'i

EXERCISE 24

Change these into the negative

1. 'Ioe, 'o le pusi lea.

2. 'Ioe, 'o le falemeli lale.

3. 'Ioe, 'o le 'ato.

4. 'Ioe, 'o ta'avale nei.

5. 'Ioe, 'o mōlī nei.

EXERCISE 25

Change these into the affirmative

1. Leai, e lē 'o se falaoa.

2. Leai, e lē 'o ni 'ato.

3. Leai, e lē 'o se tamāloa.

4. Leai, e lē 'o ni tagata.

5. Leai, e lē 'o se faleā'oga lelā.

Other uses of *lē* (not)

1. When *lē* is used with the verb, it comes immediately before the verb itself.

   for example: 'Ua lē sau Mele. — Mele has not come.

   'Ole'ā lē 'ai Simi. — Simi will not eat.

2. As in the case of the verb, the negative *lē* may be used with other parts of speech, immediately preceding them.

   for example: E lē 'ena'ena le ta'avale. — The car is not brown.

Adjectives

From the vocabulary and exercises studied so far, we have learnt several nouns. We will now study adjectives, the words which describe the nouns.

Adjectives

Simple rule: Adjectives follow the nouns that they qualify or describe.

for example: tama lelei
          (boy) (good) i.e., noun   +   adjective

fale	+	tele	'a'ai	+	tele
(house)	+	(big)	(city)	+	(big)
fale	+	lāpotopoto	motu	+	'i saute
(house)	+	(round)	(island)	+	(south)

EXAMPLES

1. 'O le fale tele.   — The big house.
2. 'O le 'a'ai tele.   — The big city.
3. 'O le falaoa fou.   — The fresh bread.
4. 'O le teine Sāmoa.   — The Sāmoan girl.
5. 'O le pule ā'oga.   — The school principal.

 ## Say aloud the following:

'Aukilani/Auckland, New Zealand

'Aukilani

'O 'Aukilani lenei.
'O 'Aukilani 'o se 'a'ai tele.
E iai fale tetele i 'Aukilani.
E iai 'Aukilani i le Motu i Mātū.

This is Auckland.
Auckland is a big city.
Auckland has big buildings.
Auckland is in the North Island.

Apia

'O Apia lenei.
'O Apia 'o se 'a'ai mānaia o Sāmoa.
E iai Apia i le motu o 'Upolu i
    Sāmoa.
'O Apia 'o le laumua o Sāmoa.
E tū Apia i le itū i mātū o 'Upolu.

This is Apia.
Apia is a warm friendly city.
Apia is on the island of 'Upolu in Sāmoa.
Apia is the capital of Sāmoa.
Apia stands on the northern part of 'Upolu.

Apia, the capital of Sāmoa

Los Angeles

Los Angeles

'O Los Angeles lenei.
'O Los Angeles 'o se 'a'ai tele i le
    Iunaite Setete o 'Amerika.
E iai fo'i fale tetele i Los Angeles.

This is Los Angeles.
Los Angeles is a big city in the
    United States of America.
Los Angeles also has big
    buildings.

Sini

'O Sini lenei.
'O Sini fo'i 'o se 'a'ai tele i
    'Ausetālia.
E iai fo'i fale tetele i Sini.

This is Sydney.
Sydney is also a big city in
    Australia.
There are also big buildings in
    Sydney.

Sini/Sydney

Questions and answers / Fesili ma tali

(A) 'O fea lenei?   Where's this?

(E) 'O 'Aukilani.   (It's) Auckland.

(A) 'O se 'a'ai tele 'Aukilani?   Is Auckland a big city?

(E) 'Ioe.   Yes.

(A) E iai ni fale tetele i 'Aukilani?   Are there big buildings in Auckland?

(E) 'Ioe.   Yes.

EXERCISE 26

Study this vocabulary

Nouns		**Adjectives**	
tama	boy	fiafia	happy
va'alele	aeroplane	lāpo'a	big/large
solofanua	horse	saosaoa	fast
tamaitiiti	child	ulavale	troublesome/nuisance
tusi	book	'ena'ena	brown

Use this information to write the correct Sāmoan translation for the following

1. fast horse

2. troublesome boy

3. brown book

4. big aeroplane

5. happy boy

6. brown horse

7. troublesome child

8. fast aeroplane

9. big child

10. big book

EXERCISE 27

Complete the sentence with a suitable adjective from the vocabulary

1. 'O le tusi _____ (colour)   The…book.

2. 'O le va'alele _____ (speed)   The…aeroplane.

3. 'O le solofanua _____ (size)   The…horse.

4. 'O le tama _____ (feeling; mood)   The…boy.

5. 'O le tamaitiiti _____ (mood; feeling)   The…child.

Adjectives — plural form

Adjectives agree in number with the nouns they qualify.

for example: 'O le fale tele   (singular)
              'O fale tetele   (plural)

The plural form of the adjective must always be used with a plural noun.

EXAMPLES

Singular		Plural
lāpo'a	big	lāpopo'a
tele	many	tetele
telē	large/huge	tetelē
ulavale	troublesome	ulāvavale
la'itiiti	small	lāiti
poto	clever	popoto
valea	stupid	vālelea
maualuga	high	maualuluga

Squeezing coconut cream for cooking. Samoan Studies, University of Hawai'i

LESONA 8

Simple Commands

Samoan simple commands (or giving instructions) follow grammatical patterns

1. verb by itself   e.g.,   Alu!   — Go!

                                   Tū 'i luga!   — Stand up!

2. verb + subject   e.g.,   Savali 'oe!   — You walk!

                                   Tū i luga o le fala. — Stand on the mat.

Key components of simple commands (and instructions) are:

     verb + subject or object or other noun phrase.

Verbs

'ave   — take, give, carry, send

'aumai   — bring

 EXAMPLES

'Ave le tusi.	— Take the book.	'Aumai le laulau.	— Bring the table.
'Ave le peni.	— Take the pen.	'Aumai le afitusi.	— Bring the matches.
'Ave le pepa.	— Take the paper.	'Aumai le uati.	— Bring the clock/watch.

Prepositions

'I, *iā*, and '*iā* are all variations of the preposition *i* (to), which has many meanings depending on its use in the sentence. The form *iā* ('*iā*) is used before personal pronouns and the proper names of persons and months of the year.

for example: *iā* Mele   — *to* Mele

                     iā Aukuso   — *in* August

                     i le 'ato   — *to* the basket

                     '*iā* 'oe   — *to* you

EXAMPLES

'Ave le tusi 'i le pule ā'oga.	—	Take the book to the headmaster.
'Ave le peni 'iā Mele.	—	Take the pen to Mele.
'Aumai le tama 'i le pasi.	—	Bring the boy in the bus.
Savali 'i le lotu.	—	Walk to church.
Sau 'i le ta'avale.	—	Come in the car.

More verbs

nofo	—	sit, stay
togi	—	throw
tu'u	—	put, place, give to
savali	—	walk
tamo'e	—	run
fa'alogo	—	listen
tipi	—	cut
tapē	—	turn off (light)
titina	—	put out
tū	—	stand

The sweet smelling Pua flower

More prepositions

mō	—	for	mō le ā'oga	—	(for the school)
mā	—	for	mā Ioane	—	(for Ioane)
ma	—	with	ma se 'ato	—	(with a bag)
e	—	by	e le tama	—	(by the boy)
mai	—	from	mai le falesā	—	(from the church)

Note: a (ā) or o (ō) mean *of*, the form being dependent on the noun it qualifies.

for example: tusi *a* le tama — book *of* the boy
tuafafine *o* le tama — sister *of* the boy

[See Lesona 21 for a full explanation.]

Locative prepositions

The word *totonu* (inside), *fafo* (outside), *luga* (above/up...), etc., come after the preposition *i* and before the preposition *o* to give the English preposition *inside of* (i totonu o), *outside of* (i fafo o).

EXAMPLES

i totonu o	—	inside/into	i totonu o le taga	—	(inside of the bag)
i fafo o	—	outside	i fafo o le fale	—	(outside of the house)
i luga o	—	above, up, on	i luga o le laulau	—	(on the table)
i lalo o	—	underneath, down	i lalo o le nofoa	—	(under the chair)
i tala atu o	—	beyond	i tala atu o le pā	—	(beyond the wall)
i tua o	—	behind	i tua o le fata	—	(behind the shelf)
i talaane o	—	near	i talaane o le teine	—	(near the girl)
i tafatafa o	—	near	i tafatafa o le lā'au	—	(near the tree)

EXERCISE 28

Translate / Fa'aliliu

1. Mele, nofo 'i lalo.

2. Pita, sau.

3. Ioane, 'aumai le pūlou.

4. Seleni, 'ave le nofoa.

5. Peta, savali.

6. Tavita, tapē le mōlī.

7. Fetū, tu'u le polo 'i luga o le laulau.

8. Siaki, fa'alogo.

9. Malia, tamo'e.

10. Ane, tipi le falaoa.

EXERCISE 29

Translate / Fa'aliliu

1. Bring the table.

2. Take the chair.

3. Sit down.

4. Stand up.

5. Put the book on the table.

6. Run to the house.

7. Put the baby down.

8. Listen to the teacher.

9. Cut the bread, please.

10. Throw the ball.

EXERCISE 30

Match the following Samoan sentences with their correct English meaning

1. Tuʻu le pepa i luga o le laulau.

2. Savali ʻi totonu o le fale.

3. Tapē le mōlī i talaane o le faitotoʻa.

4. ʻAve le tupe ʻi le faiāʻoga.

(a) Turn off the light near the door.

(b) Put the paper on the table.

(c) Take the money to the teacher.

(d) Walk inside the house.

EXERCISE 31

Select and write ten correct sentences from the following table to match the English ones given below

ʻAve	le falaoa	ʻiā	Ioane
ʻAumai	le penitala	i le	laulau
Togi	le tupe	i totonu o le	pusa
Tuʻu	le polo	i lalo o le	teutusi
Tipi		i luga o le	

1. Put the bread on the table.

2. Take the pencil to the box.

3. Throw the ball into the box.

4. Place the money inside the envelope.

5. Bring the pencil to Ioane.

6. Take the ball to Ioane.

7. Throw the pencil on the table.

8. Cut the bread on the table.

9. Put the money under the envelope.

10. Bring the bread to Ioane.

EXERCISE 32

Translate into Samoan / Faʻaliliu i le gagana Sāmoa

1. Please put the book inside the bag.

2. Siaosi, throw the ball under the house.

3. Bring the chair to Toma.

4. Take the money to the headmaster.

5. Ioane, cut the bread on the table.

6. Put the pen on the table.

7. Sina, bring the hat to Ioane, please.

8. Stay at home.

9. Run to Lagi.

10. Listen to Mataio.

Matai receive their chiefly title names at a saofaʻi in Safotu, Savaiʻi, Sāmoa.

Locating Objects or People

When we want to know where someone or something is, one way we can ask in English is, for example: "Where's the book?"

The reply could be: "It's in the bag."

In Samoan, we can do the same.

Question: 'O fea le tusi?
Reply: 'O lā e i totonu o le 'ato.

Now let us look at three groups of words from the Samoan question and reply which will help us to locate people or things. These are:

1. 'O lā e — structure for location

2. i totonu o — inside
   i fafo o — outside } locative bases
   i luma o — front

3. ('O) fea? — where?
   ('O) ai? — who? } question words

Study these examples

'O le tusi lā e i totonu o le 'ato. — The book is in the bag.
'O le tama lā e i fafo. — The boy is outside.
'O Peta lā e i le ā'oga. — Peta is in school.

Note:
'O lenei e
'O lenā e } are also used instead of 'O lā e, as seen in the following examples.
'O lea e

'O le 'ato lenei e i totonu o le potu. — The bag is in the room. (here)
'O le ta'avale lenā e i fafo. — The car is outside. (there near you)

Note: lā is the short form of *lelā*. It can play a singular as well as a plural role. It is not easy to give an exact translation of *lā* in the structure *'o lā e* except to say that it refers back to the noun being talked about.

for example: 'O le solofanua *lā* e i luma.
                       The horse (that) is in the front.
                       or
                       The horse, *it* is in the front.

Samoan speakers generally run the two words *lā* and *e* (present tense marker) together, to sound like one word: lāe in normal speed.

When to use the different words

Lā is used when an unspecified position is given.
Lenei, lenā, lea, lele are used specifically to refer to *this* position and *that* position.

Useful locative prepositions to memorise

i totonu o   — inside/in
i fafo o   — outside
i luma o   — in front
i lalo o   — beneath/down
i luga o   — above
i tala atu o   — beyond
i tala ane o   — next to
i tala mai o   — this side
i tua o   — behind

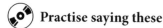

Practise saying these

(A)   'O fea le peni?   Where's the pen?
         'O lā e i luga o le laulau.   It's on the table.

(E)   'O fea le teine?   Where's the girl?
         'O lā e i le ā'oga.   She's at school.

(I)   'O fea Semi?   Where's Semi?
         'O lā e i le fale'oloa.   He's at the shop.

(O)   'O fea Ioane?   Where's Ioane?
         'O lenā e moe.   He's asleep. (nearby)

(U)   'O fea le tama?   Where's the boy?
         'O lenei e 'ai.   He's eating. (here)

EXERCISE 33

Translate into Samoan

1. Where is the book, John?

2. It is in the bag.

3. It is in the room.

4. The tree is in front of the house.

5. Peter is behind the bus.

EXERCISE 34

Translate the following into English

1. 'O ai lā e i totonu o le fale?

2. 'O Ioane lā e i luma o le ta'avale.

3. 'O le peni lā e i fafo o le ipu.

4. 'O Mele ma Sina lā e i lalo o le lā'au.

5. 'O le tupe lā e i totonu o le 'ato.

6. 'O le ta'avale lā e i totonu o le faleta'avale.

7. Tu'u le 'ato lenā i totonu o le potu.

8. 'O le falaoa lā e i luga o le laulau.

9. 'O le tama lā e i le ā'oga.

10. 'O le faiā'oga lā e i le potu.

 Practise saying these

(A)	'O ai *lā* e i totonu?	Who *is* inside?
	'O Sina *lā* e i totonu.	Sina *is* inside.
(E)	'O ai *lā* e i fafo?	Who *is* outside?
	'O Mele *lā* e i fafo.	Mele *is* outside.
(I)	'O ai *lenei* e moe?	Who is *this* sleeping?
	'O Viliamu *lenā* e moe.	*That's* Viliamu sleeping.
(O)	'O ai *lenā* e 'ata?	Who is *that* laughing?
	'O Mataio *lenei* e 'ata.	It's Mataio *here* who is laughing.

Tropical flora, front entrance to a Samoan home in Vailele, Sāmoa

LESONA 10

Numbers

The mastery of fourteen words in Sāmoan will enable you to count. They are: zero to ten inclusive, hundred, thousand, and million. All other numbers (nūmera) are combinations of these words. Thus:

0	selo	zero	
1	tasi	one	
2	lua	two	
3	tolu	three	
4	fā	four	
5	lima	five	
6	ono	six	
7	fitu	seven	
8	valu	eight	
9	iva	nine	
10	sefulu	ten	
11	sefulu ma le tasi	(ten and one)	eleven
12	sefulu ma le lua	(ten and two)	twelve
13	sefulu ma le tolu	(ten and three)	thirteen
14	sefulu ma le fā	(ten and four)	fourteen
15	sefulu ma le lima	(ten and five)	fifteen

Note: sefulu ma le tasi is usually shortened to *sefulu tasi* and so on.

for example:	sefulu ma le tasi	sefulu tasi	eleven
	sefulu ma le lua	sefulu lua	twelve
	sefulu ma le tolu	sefulu tolu	thirteen
	sefulu ma le fā	sefulu fā	fourteen
	sefulu ma le lima	sefulu lima	fifteen
	etc.		

20 luasefulu	(two tens)	twenty
21 luasefulu tasi	(two tens + one)	twenty-one
22 luasefulu lua	(two tens + two)	twenty-two
23 luasefulu tolu	(two tens + three)	twenty-three
24 luasefulu fā	(two tens + four)	twenty-four
25 luasefulu lima	(two tens + five)	twenty-five

etc.

30 tolusefulu	(three tens)	thirty
40 fāsefulu	(four tens)	forty
50 limasefulu	(five tens)	fifty
60 onosefulu	(six tens)	sixty
70 fitusefulu	(seven tens)	seventy
80 valusefulu	(eight tens)	eighty
90 ivasefulu	(nine tens)	ninety

| 100 selau | one hundred |
| 300 tolu selau | three hundred |

| 1,000 afe | one thousand |
| 10,000 sefuluafe | ten thousand |

| 1,000,000 miliona | one million |

Ordinal numbers

Except for *muamua* (first) and *mulimuli* (last), all other cardinal numbers (lua...lima, etc.) are used with the word *lona* to signify ordinal numbers.

for example:	muamua	first
	lona lua	second
	lona tolu	third

Numbering

When numbering, use *e* before the number or numbers in question.

for example: e fā fale — four houses

Question words

	E fia...?	How many...?
(A)	E fia tusi?	How many books?
	E valu tusi.	There are eight books.
(E)	E fia fale?	How many houses?
	E sefulu tolu fale.	There are thirteen houses.
(I)	E fia pepa?	How many cards?
	E tasi le pepa.	One card.

Prefix for counting people — *E toʻa*

When numbering people use *e toʻa* before the number.

for example:	E toʻafia tagata?	How many people?
	E toʻafia tama?	How many boys?
	E toʻafia fafine?	How many women?
	E toʻaono teine.	There are six girls.
	E toʻaselau fitafita.	There are one hundred soldiers.
	E toʻafia tama?	How many boys?
	E toʻaiva tama.	There are nine boys.
	E toʻafia tamaiti ?	How many children?
	E toʻaselau tamaiti.	There are a hundred children.

Other calculations

Addition:	seven plus one is how many?
	ʻo le tasi ʻua faʻaopoopo ʻi ai ma le fitu ʻua fia?
Subtraction:	subtract four from ten
	tōʻese le fā mai le sefulu
Multiplication:	multiply eight by three
	faʻatele le valu ʻi le tolu
Division:	divide one hundred by ten
	vaevae le selau ʻi le sefulu

To say *ones, twos,* etc., use *taʻi* before the number.

for example: two books per child   —   e taʻi lua tusi a le tamaitiiti.

But use *taʻitoʻa* for people.

for example: four people to each car   —   e taʻitoʻafā i taʻavale taʻitasi

EXERCISE 35

Translate / Fa'aliliu

1. E fia lā'au?

2. E fia ta'avale?

3. E fia fale?

4. E fia 'ato?

5. E fia tusi?

6. E ono peni.

7. E luasefulu iputī.

8. E selau solofanua.

9. E tolusefulu moa.

10. E sefululima pasi.

EXERCISE 36

Write these numerals in Samoan

17

27

30

60

102

560

1,000

10,001

2

EXERCISE 37

Write these in numerals

sefulu lima   afelimasefulu

tolusefulu fitu   sefuluafe

onosefulu lua   tolusefululuafe

selaufitusefulu   afevalusefulu

selaufāsefulu

EXERCISE 38

Translate / Fa'aliliu

1. E to'afia tama?

2. E to'afia teine?

3. E to'afia faife'au?

4. E to'afia teineiti?

5. E to'afia tamaiti?

6. E to'aiva tamāloloa.

7. E to'afitusefulu fafine.

8. E to'aafe tagata.

9. E to'afāsefulu tama.

10. E to'aluasefulu tinā.

EXERCISE 39

Translate / Fa'aliliu

1. How many buses?

2. There are twenty buses.

3. How many trees?

4. There are thirty trees.

5. How many people?

6. There are seventy-two people.

7. How many teachers in the school?

8. There are eighty-five teachers?

9. How many chairs?

10. There are six chairs.

Statements—the Word 'O

In the previous lessons, you have been learning to say:

1. 'O le tama. — It is a boy.
   'O le lā'au. — It is a tree.
   'O lā'au. — They are trees.
   'O pasi. — They are buses.

2. 'O le lā'au lenei mea. — This thing is a tree.

In the kind of statements given above, the word 'O at the beginning of each statement has an equivalent function similar to the words *It is* or *They are* in English. There is no direct English equivalent of 'O. The 'O in these kinds of statements takes on the function of a verb. [See Lesona 4.]

for example: 'O le fale tele. — It is a big house.
   'O fale tetele. — They are big houses.
   'O le mōlī lenā. — That's a light.
   'O Ioane. — It is Ioane.

'O is translated as *It is... They are...*

for example: 'O le ta'avale lale. — That is a car.

The word "is" in English belongs to the group of words known as the verb "to be". The other forms include: "are", "am", "was", and "were".

In Samoan there is no direct translation of "is" or the other forms in the group.

It is possible to say "the table" only in English. It is not possible to do the same in Samoan, i.e., "le laulau". The noun must be accompanied by the 'O at the beginning for it to be a complete statement, thus: " 'o le laulau".

EXAMPLES

English	Samoan	Samoan
(complete)	(incomplete)	(complete)
the door	le faitotoʻa	ʻO le faitotoʻa
the house	le fale	ʻO le fale
New Zealand	Niu Sila	ʻO Niu Sila
Auckland	ʻAukilani	ʻO ʻAukilani

EXERCISE 40

Using ʻO at the beginning, make up a sentence for each of the following

for example: ʻO le ʻato lenei. — This is a basket.

1. house
2. clock
3. table
4. dog
5. car

6. tree
7. pen
8. horse
9. book

EXERCISE 41

Translate / Faʻaliliu

1. ʻO le ā lenā mea?
2. ʻO le ā lale mea?
3. ʻO ā nei mea?
4. ʻO le taʻavale lea.
5. ʻO tamāloloa lā.

6. ʻO le fale lele.
7. ʻO le laulau lāpoʻa.
8. ʻO nofoa tuai.
9. ʻO le ʻato a Simi.
10. ʻO moa a Ioane.

Other uses of ʻo:

1. ʻO comes in front of interrogative pronouns, demonstratives, and indefinite pronouns which stand alone or at the beginning of sentences.

   for example: ʻO ai ʻoulua?   — Who are you?
   ʻO fea ʻoutou?   — Where are you?
   ʻO nei   — These
   ʻO lā   — Those
   ʻO se isi   — Another

2. 'O comes before the subject when it occurs at the beginning of a sentence. When the subject follows the verb, it is not used.

> *for example:* 'O le tamaitiiti lea sā tamoʻe   —   This boy ran.
>   Sā tamoʻe le tamaitiiti lea.   —   This boy ran.

An exception to this rule arises when we use the pronoun *ia* (he/she/it).

> *for example:* 'O ia na ʻai   —   She ate.
>   Na ʻai ʻo ia.   —   She ate.

Aleipata, Samoa

Telling the Time

 Conversation / Talanoaga

(A)	ʻUa tā le fia faʻamolemole?	What's the time please?
(E)	ʻUa toe lima mīnute i le ono.	It's five minutes to six.
(A)	ʻIa, ʻoleʻā ʻou alu ʻauā ʻo le ono laʻu pasi.	Well, I'm going because my bus is at six.
(E)	E mamao le mea ʻe te alu ʻi ai?	Is it far where you're going?
(A)	ʻIoe, ʻou te alu ʻi Wiri.	Yes, I'm going to Wiri.
(E)	ʻO le ā le taimi o le isi pasi?	What time is the next bus?
(A)	ʻO le ʻafa o le ono.	It's half past six.
(E)	E sili ona ʻe alu loa ina neʻi ʻe tuai.	It's better that you go or you'll be late.

 Question

ʻUa tā le fia?	—	What is the time? (lit: It's struck the what?)
ʻO le ā le taimi?	—	What is the time?

Reply:

ʻUa tā le tasi.	—	It's one o'clock.
ʻUa teʻa le lua.	—	It's past two.
ʻUa toe lima i le tolu.	—	It's five to three.

Vocabulary

fia	—	(how much) i.e., what?
tā	—	strike
i	—	to (preposition)
ʻua	—	present tense marker
itūlā	—	hour/time
mīnute	—	minute
sekone	—	second
teʻa	—	past
ʻafa	—	half
kuata	—	quarter
taimi	—	time
vae o le uati	—	hands of the clock (lit: legs of the clock)

49

🔘 **Practise**

'Ua tā le fia Viliamu fa'amolemole?	—	What's the time please Viliamu?
'Ua tā le fitu.	—	It's seven o'clock.
'Ua toe lua mīnute i le valu.	—	It's two minutes to eight.
'Ua valu mīnute e te'a ai le ono.	—	It's eight minutes past six.
'Ua 'afa le lima.	—	It's half past five.
'Ua kuata e te'a ai le fā.	—	It's quarter past four.
'Ua toe sefululima mīnute i le valu.	—	It's fifteen minutes to eight.
'Ua toe kuata i le valu.	—	It's quarter to eight.

Show the following times on a clock face.

1. 'Ua toe sefulu mīnute i le lima.

2. 'Ua luasefululima mīnute e te'a ai le fitu.

3. 'Ua sefulu valu mīnute e te'a ai le lua.

4. 'Ua tā le sefulu.

5. 'Ua toe kuata i le iva.

EXERCISE 42
Write these times in Samoan

1. five o'clock

2. ten past eleven

3. twenty-five to three

4. half past ten

5. quarter past one

EXERCISE 43
Translate the following into numerals

1. 'Ua valu mīnute e te'a ai le sefulu lua.

2. 'Ua toe lua sefulu mīnute i le iva.

3. 'Ua tā le fitu.

4. 'Ua 'afa le tasi.

5. 'Ua kuata e te'a ai le sefulu tasi.

EXERCISE 44
Write the following times in Samoan

1. 7:25

2. 6:30

3. 9:47

4. 10:56

5. 1:23

The House

"Fale" is the general word for "house". In this lesson, you will learn new vocabulary based on the word "fale".

Here is a list of words made from the word *fale*

faleā'oga	—	school (building/house)
falefaitautusi	—	library
faletusi	—	bookshop
falemeli	—	bank
faleuaealesi	—	broadcasting house
falesā	—	church
faletīfaga	—	theatre/movies
fale'aiga	—	restaurant
falesāmoa	—	Samoan house
falepālagi	—	European house
falevao / faleuila	—	toilet
falefono	—	meeting house
faletele	—	large house
falepia	—	hotel/pub
fale'oloa	—	shop/dairy
falese'evae	—	shoe shop
faleta'avale	—	garage (sheltering cars)
fale'inisinia	—	garage (mechanical repairs)

Vocabulary

Parts of the house / Vāega o le fale

taualuga	—	roof
'apa	—	corrugated iron
laupapa	—	timber
faitoto'a	—	door
fa'amalama	—	window

puipui	—	wall	potutā'ele	— bathroom
fā'alo	—	ceiling	fatatusi	— bookshelf
vali	—	paint	pusameli	— mailbox
pāsese	—	passage or hallway	'aualata'avale	— driveway
faleta'avale	—	garage	potutāmea	— laundry
talivai	—	spouting	kapeta	— carpet
potu	—	room	fola	— floor
potumoe	—	bedroom	meāfale	— furniture
potu'ai	—	dining room	nofoa	— chair
potumālōlō	—	living room/lounge	laulau	— table
potusu'esu'e	—	study	piliki	— bricks
umukuka	—	kitchen	'ogāumu	— stove

Question words

E iai…?   —   Is there / Are there…?

E fia…?   —   How many…?

A Samoan 'ava bowl

Practise

1. *E iai?*

    (A) E iai sou fale?   Is there a house of yours? (Have you got a house?)

        'Ioe, e iai.   Yes, I have.

    (E) E iai se faleta'avale?   Is there a garage? (Has it got a garage?)

        Leai.   No.

    (I) E iai se potutāmea?   Is there a laundry? (Has it got a laundry?)

        'Ioe.   Yes.

    (O) E iai ni fa'amalama?   Are there any windows? (Has it got windows?)

        'Ioe.   Yes.

2. *E fia?*

    (A) E fia potumoe?   How many bedrooms?

        E tolu.   There are three.

    (E) E fia potumālōlō?   How many living rooms?

        E tasi.   There is one.

EXERCISE 45

Translate / Fa'aliliu

1. Have you got a car?

2. Yes, I have.

3. Have you got a house?

4. Yes, I've got a house.

5. How many bedrooms?

6. There are four bedrooms.

7. Has it got a big kitchen?

8. Yes, it has.

9. Has it got a big living room?

10. Has it got a big garage?

EXERCISE 46

Translate / Fa'aliliu

1. E iai sou faleta'avale?

2. Leai.

3. E iai se potu moe lāpo'a?

4. 'Ioe, e iai le potu moe lāpo'a.

5. E fia potu'ai?

6. E tasi le potu'ai.

7. E fia faleuila?

8. E tasi.

9. E iai se 'ogāumu?

10. 'Ioe, e iai.

Distributing 'ava, the drink of chiefs

Days of the Week, Months of the Year

Conversation / Talanoaga

(A)	'O le ā le asō?	What's today?
(E)	'O le Aso Tofi.	It's Thursday.
(A)	'O le aso fia?	It's what date?
(E)	'O le aso fā o Fepuali.	It's the fourth day of February.
(A)	Fa'afetai.	Thank you.
(E)	E lē afaina.	It's alright.

Vocabulary

aso	—	day/date
le asō	—	today
vaiaso	—	week
aso fia?	—	date (what date?)
ananafi	—	yesterday
taeao	—	tomorrow
māsina	—	month
tausaga	—	year
aso o le vaiaso	—	days of the week
māsina o le tausaga	—	months of the year

Note: The word *aso* means *day*. A macron over the *ō* (*asō*) lengthens the sound of the vowel and also changes the meaning to *today* with the word *le* in front.

so:	le asō	—	today
	le aso	—	the day

Months of the year / Māsina o le tausaga

Ianuali/Ianuari	—	January
Fepuali/Fepuari	—	February
Mati	—	March
'Apelila/'Aperila	—	April
Me	—	May
Iuni	—	June
Iulai	—	July
'Aukuso	—	August
Setema	—	September
'Oketopa	—	October
Novema	—	November
Tesema	—	December

Note: The *l* in "Ianua*l*i", "Fepua*l*i", and "'Ape*l*ila" is interchangeable with the letter *r*.

for example: Fepua*l*i — Fepua*r*i
                  "Fa*l*aile" can also be written as "Fa*r*aile".

 Practise

'O le Aso Sā.	It is Sunday.
Aso Gafua.	Monday.
Aso Lua.	Tuesday.
Aso Lulu.	Wednesday.
Aso Tofi.	Thursday.
Aso Falaile/Faraile.	Friday.
Aso To'ona'i.	Saturday.

'O le ā le asō?	What is today?
'O le ā le aso ananafi?	What was the day yesterday?
'O le ā le aso taeao?	What day is it tomorrow?
'O le aso fia?	What date?
'O le aso fia le aso ananafi?	What date was it yesterday?

 More conversation

(A)	'O le ā le aso taeao?	What day is it tomorrow?
(E)	'O le Aso Lulu.	It's Wednesday.
(A)	'O le aso fia?	What date?
(E)	'Ou te masalo 'o le aso ono.	I think it's the sixth.
(A)	'O le ā le māsina lenei?	What's this month?

(E)	'O Fepuali.	It's February.
(A)	Leai, 'o 'Apelila.	No, it's April.
(E)	'Oi, e sa'o 'oe.	Oh, you are right.

EXERCISE 47

Translate into English

1. 'O le ā le asō?

2. 'O le Aso Lulu.

3. 'O le ā le aso taeao?

4. 'O le Aso Gafua.

5. 'O le aso fia?

6. 'O le aso sefuluvalu.

7. 'O le ā le māsina lenei?

8. 'O 'Aukuso.

9. 'O le Aso To'ona'i taeao.

10. 'O le Aso Falaile ananafi.

Food is an important component of Samoan culture.

EXERCISE 48

Translate into Samoan

1. What is today?

2. What date was it yesterday?

3. It is Monday tomorrow.

4. What was the day yesterday?

5. What day is it tomorrow?

EXERCISE 49

Translate into English

1. 'O le ā le aso ananafi?

2. 'O le aso fia le aso ananafi?

3. 'O le ā le aso lona ono?

4. 'O le Aso Lua le aso sefuluvalu.

5. 'O le aso fia le Aso Tofi?

EXERCISE 50

Study this calendar, then answer the questions in Samoan

for example: 'O le ā le aso sefulu? — What day is the tenth?

'O le Aso Lua. — It's Tuesday.

Aso Sā	Aso Gafua	Aso Lua	Aso Lulu	Aso Tofi	Aso Falaile	Aso To'ona'i
1	2	3	4	5	6	7
8	9	10	11	12	13	14
15	16	17	18	19	20	21
22	23	24	25	26	27	28
29	30	31.				

Questions

1. 'O le ā le aso valu?

2. 'O le ā le aso lima?

3. 'O le ā le aso ono?

4. 'O le ā le aso sefulufitu?

5. 'O le ā le aso tolusefulutasi?

LESONA 15

Verbs

Verbs are words that say what someone or something does or feels. They can also give information. Verbs are popularly described as action words.

The following dialogue provides good practise in the use of verbs in a particular social setting where the Samoan language serves a modern setting rather than the traditional.

Conversation / Talanoaga

At the dining table. / 'I le laulau 'ai.

(A)	Simi, pasi mai le suka fa'amolemole.	Simi, pass the sugar, please.
(E)	Lea.	Here.
(A)	'Ua 'uma lau kofe?	Is your coffee finished?
(E)	'Ioe, 'o totoe se kofe fa'amolemole?	Yes, is there any coffee left, please?
(A)	'E te mana'o 'i se fasi keke?	Do you want a piece of cake?
(E)	Leai fa'afetai. 'Ua lava a'u.	No, thank you, I've had enough.
(A)	Mānaia tele le sapasui. 'O ai le kuka?	The chop suey is very nice. Who is the cook?
(E)	'O a'u. 'E te fiafia 'i le sapasui?	It's me. Do you like chop suey?
(A)	'I. Toe 'aumai sina sapasui fa'amolemole.	Yes, bring again some more chop suey, please.
(E)	Lelei tele 'oe 'e te fiafia 'i la'u kuka.	You're good; you like my cooking.

In the Samoan language, a number of features need to be understood in the study of verbs. In contrast to European languages, the tense of the Samoan verb is shown by the use of tense indicators or tense markers. The form of the verb itself does not change. Lesona 16 deals with this aspect in detail.

Secondly, a large number of Samoan verbs change form from singular to plural. However, there is no one method of forming the plural, as in English. Some verbs remain the same for both singular and plural, e.g., "faitau" (to read), "fesili" (to question). Others change their spelling, but because there are no fixed guidelines for deciding the form of the plural, these must be learnt.

EXAMPLES

Verb form changes singular to plural

Singular		Plural
alofa	love	ālolofa
savali	walk	sāvavali
sau	come	ō mai
nofo	sit/stay	nonofo
tū	stand	tutū
tafao	roam/wander about	tāfafao
lele	fly	felelei
siva	dance	sisiva
ala	wake up	feala
togi	throw	fetogi
ta'alo	play	ta'a'alo
inu	drink	feinu
galue	work	gālulue
ita	anger	feita
tamo'e	run	tāmomo'e
alu	leave/go	ō
totolo	crawl	fetolofi
moe	sleep	momoe
a'a	kick	fea'a
'ai	eat	'a'ai
pese	sing	pepese
'ata	laugh	fe'ātai
va'ai	see	vā'ai

Verb form does not change singular to plural

Singular		Plural
fa'amamā	clean	fa'amamā
fa'atali	wait	fa'atali
fa'atau	shop	fa'atau
faitau	read	faitau
fiafia	like/happy	fiafia
finau	argue	finau
mālōlō	rest	mālōlō
su'isu'i	sew	su'isu'i
tatalo	pray	tatalo
tusitusi	write	tusitusi
vali	paint	vali
ti'eti'e	ride	ti'eti'e

Special note: the prefix *faʻa*

Students of Samoan will observe that many words use the prefix *faʻa*. It has several functions, particularly relating to verbs.

1. Probably its main use is as a "causative" prefix to a verb, having the effect of "causing something to happen".

   e.g.,   faʻapaʻū   —   to cause to fall

2. When prefixed to a noun it may form a verb.

   e.g.,   faʻamāsima   —   to salt

other uses:

3. With certain adjectives it means "somewhat".

   e.g.,   faʻaʻenaʻena   —   brownish

4. With the negative *lē* it has a qualifying effect.

   e.g.,   faʻa-lē-saʻo   —   hardly correct

5. With numerals it indicates the number of times.

   e.g.,   faʻalua   —   twice
           faʻafia?   —   how many times?

6. Faʻa also indicates "in the manner of".

   e.g.,   faʻa-Sāmoa (now spelt faʻasāmoa)   —   in the Samoan way
           faʻa-le agāga (now spelt faʻaleagāga)   —   spiritual (way), spiritually

Verb Tenses

Samoan verbs have two distinguishing features about them. These are useful to learn.

1. The verb itself does not change for the past or future. The tense or aspect is shown or marked by verbal particles called tense indicators. Examples are the past tense indicators *sā* or *na*. The verb phrase consists of a tense indicator followed by the verb.

2. The verbs "to be" and "to have" do not have direct equivalents in the Samoan language. However, there are other ways (equivalent structures) to express these. You will study these in the next few lessons.

Tense indicators

There are six main tense indicators.

1. *e* or *te*

These express present tense indefinite or the vague or implied future.

E is used when the subject follows the verb.

for example: *E* alu Siaki i 'Aukilani. — Jack goes to Auckland.

Te is used when it immediately follows a pronoun.

for example: 'Ou *te* alu 'i le falema'i. — I go to the hospital.

2. *'olo'o*

This particle expresses continuous action in the present.

for example: *'Olo'o* moe Ioane. — Ioane is asleep. (or is sleeping)

3. *'ua*

'Ua is used in three different ways.

(a) To express the perfect tense. This is its most common use.

for example: *'Ua* alu Pele. — Pele has gone.

(b) With impersonal verbs, to express the present tense.

for example: 'Ua pō. — It is dark. (night time)

(c) To express the past perfect when it combines with a verb such as 'māe'a' (to be complete).

for example: 'Ua māe'a ona 'e 'ai 'ae le'i 'aumaia le palusami. — You have finished eating before the palusami has arrived.

4. *sā*

This indicator expresses the past perfect tense. It is used to describe events that may or may not have been completed.

for example: Sā moe Pita. — Pita was sleeping.

5. *na*

Na can be used to describe the simple past. The action occurred in the past and is complete.

for example: *Na* savali le tama. — The boy walked.

Honoured guests receive 'ava. Wellington, New Zealand

6. **ʻoleʻā**

This expresses the immediate or definite future.

for example: ʻOleʻā tamoʻe le tama. — The boy will run.

 Practise

The following are examples for revision and practise. Please do them diligently.

1. **e**

E nofo Lagimaina i Henderson.	— Lagimaina lives in Henderson.
E savali le tama ʻi le āʻoga.	— The boy walks to school.
E fiafia ʻoe i le fāgota?	— You like fishing?
E āʻoga Moe i Ponsonby.	— Moe goes to the Ponsonby.
E musu le teine ʻi le tama.	— The girl dislikes the boy.

te

ʻOu te nofo i Wiri.	— I live in Wiri.
Lua te ō ʻi Sāmoa?	— Are you (2) going to Sāmoa?
Mā te ʻaʻai.	— We (2 excl.) eat.
Na te iloa aʻu.	— She/he knows me.
Mātou te iloa ia.	— We know him.

2. **ʻoloʻo**

ʻOloʻo faʻanoanoa le tinā.	— The mother is sad.
ʻOloʻo tatalo le faifeʻau.	— The pastor is praying.
ʻOloʻo pese le tama.	— The boy is singing.
ʻOloʻo mātou faʻatali.	— We (3+ excl.) are waiting.
ʻOloʻo tātou taufetuli.	— We (3+ incl.) are running.

3. **ʻua**

ʻUa sau le vaʻalele.	— The aeroplane has come.
ʻUa ʻuma le meaʻai.	— The food is finished.
ʻUa taunuʻu mai vaʻa.	— The boats have arrived.
ʻUa ʻou vaʻai ʻi le taʻavale.	— I have seen the car.
ʻUa tou tāʻeʻele?	— Have you (3+ excl.) showered?

4. **na**

Na leiloa le 'ato.	—	The bag was lost.
Na 'ata le tamāloa.	—	The man laughed.
Na savali le tamaitiiti	—	The child walked.
Na 'a'ai le 'āiga.	—	The family ate.
Na tatalo le faife'au	—	The pastor prayed.

5. **sā**

Sā moe le maile.	—	The dog was sleeping.
Sā tagi le pepe.	—	The baby was crying.
Sā ita le faiā'oga.	—	The teacher was angry.
Sā fāgota le tamāloa.	—	The man was fishing.
Sā talanoa le teine.	—	The girl was talking.

6. **'ole'ā**

'Ole'ā 'ou alu.	—	I will (shall) go.
'Ole'ā pa'ū le lā'au.	—	The tree will fall.
'Ole'ā lele le lupe.	—	The pigeon will fly.
'Ole'ā matou sāvavali.	—	We (3+ excl.) will walk.
'Ole'ā tagi le pepe.	—	The baby will cry.

EXERCISE 51

Translate / Fa'aliliu

1. E alu Tavita 'i le fale.

2. E fiafia Simi i le tusi.

3. E moe a'u i le moega.

4. E alofa Peta 'iā Sene.

5. E tū Seleni i lalo o le lā'au.

EXERCISE 52

Translate / Fa'aliliu

1. 'Olo'o tagi Mele.

2. 'Olo'o siva Malia.

3. 'Olo'o 'ai le maile.

4. 'Olo'o gālulue fafine.

5. 'Olo'o ta'a'alo tamaiti.

EXERCISE 53

Translate / Fa'aliliu

1. I live in Grey Lynn.

2. We (3+ excl.) walk to school.

3. I like apples.

4. You (2) go home.

5. She knows you.

EXERCISE 54

Translate / Fa'aliliu

1. Na ita le pule.

2. Na inu le pusi.

3. Sā savali le toea'ina 'i le lotu.

4. Sā 'ou nofo i le fale.

5. Na leiloa le tupe.

EXERCISE 55

Translate / Fa'aliliu

1. 'Ua alu ia.

2. 'Ua moe le pepe.

3. 'Ua tagi le teine.

4. 'Ua tou ō mai?

5. 'Ua timu?

EXERCISE 56

Translate / Fa'aliliu

1. Pita will stay.

2. Lisa will eat.

3. I will telephone you.

4. You will walk.

5. She will work.

Verb Usage

Present tense — *e* and *te*

EXERCISE 57

Translate / Fa'aliliu

1. Ioane drinks milk.
2. Mele goes to school.
3. Pita walks home.
4. He likes the car.
5. Feleti loves Eseta.

EXERCISE 58

Translate / Fa'aliliu

1. I work in Auckland.
2. We (3+ excl.) live in Wellington.
3. We (2 excl.) run to work.
4. She plays volleyball.
5. He goes to the movies.

EXERCISE 59

Translate / Fa'aliliu

1. E galue Feleni i le fale'oloa.
2. E savali le faiā'oga i le ā'oga.
3. E 'ata le tama.
4. E alu Sione 'i le faletupe.
5. E alofa a'u 'iā te 'oe.

Present tense — *'ua*

EXERCISE 60

Translate / Fa'aliliu

1. Ioane has gone.

2. Peta has slept.

3. Sina has prayed.

4. We (plural — excl.) have sung.

5. They (plural) have worked.

EXERCISE 61

Translate / Fa'aliliu

1. 'Ua 'a'ai Iosua ma Tavita.

2. 'Ua lele le manulele.

3. 'Ua tū le pepe.

4. 'Ua 'ata le tama.

5. 'Ua sisiva teine.

EXERCISE 62

Translate / Fa'aliliu

1. 'Olo'o 'ai Siaki.

2. 'Olo'o moe le teine.

3. 'Olo'o tusitusi Pili.

4. 'Olo'o alu Peni 'i le lotu.

5. 'Olo'o feinu tamāloloa.

EXERCISE 63

Translate / Fa'aliliu

1. The house is burning.

2. The boy is writing.

3. Ioane is laughing.

4. The pastor is praying.

5. I am eating.

Past tense — *na / sā*

EXERCISE 64

Translate / Fa'aliliu

1. Na tamo'e 'o ia.

2. Sā 'a'ai latou.

3. Na tagi le pepe.

4. Sā ti'eti'e le tama i le ta'avale.

5. Na pepese tamaiti.

EXERCISE 65

Translate / Fa'aliliu

1. I went yesterday.

2. John ate the cake.

3. Ioane came in the bus.

4. She stood beside the table.

5. We (plural — incl.) argued.

Future tense — *'o le ā*

EXERCISE 66

Translate / Fa'aliliu

1. Peta will wake up.

2. Mataio will sing.

3. The bird will fly.

4. The woman will sew.

5. The girl will read.

EXERCISE 67

Translate / Fa'aliliu

1. 'Ole'ā fīnau i latou.

2. 'Ole'ā mālōlō le tama.

3. 'Ole'ā fa'amamā le potu.

4. 'Ole'ā vali le fale.

5. 'Ole'ā feita faiā'oga.

Tāuleleʻa do their tautua.

 Short story / Tala puʻupuʻu

Sā tū Ioane i tafatafa o le taʻavale tuai. Sā musu Ioane i le taʻavale tuai. Na sau le pule ma le pepa e saini ai Ioane, ʻae peitaʻi na lē saini Ioane. Sā fai atu le pule ʻiā Ioane, "E te manaʻo i le taʻavale lenei?" Sā tali mai Ioane, "Leai. ʻOu te lē manaʻo i lenā taʻavale." Sā toe fai atu le pule, "Aiseā?" Sā toe tali mai Ioane, "O le taʻavale tuai. ʻOu te manaʻo i se taʻavale fou." Na faʻasino e le pule le taʻavale fou iā Ioane. Sā fai atu le pule iā Ioane, "ʻE te manaʻo i le Holden lelā?" Na ʻata Ioane ma fai atu ʻi le pule, "ʻIoe faʻamolemole".

Verbs in the above story

tū	—	stand
musu	—	refuse
sau	—	come
saini	—	sign
fai	—	say
manaʻo	—	want
tali	—	answer/reply
faʻasino	—	point out
ʻata	—	laugh/smile

Adjectives

tuai	—	old
fou	—	new

Other words

ma	—	and
'aiseā	—	why
mai	—	toward the listener (adv. of directions)
atu	—	away from the speaker (adv. of direction)
iā	—	(to) a preposition; comes before noun/pronoun

EXERCISE 68

Write the English translation of the above story

Negative of the Tenses

The word *lē* (not) is placed in front of the verb to express the negative.

for example: 1. 'Ua lē sau le pasi.   — The bus has not come.
2. 'Ou te lē ita.   — I'm not angry.
3. Na lē fiafia le pule.   — The principal was not happy.
4. 'Ole'ā lē tapunia le fale'oloa. — The shop will not close.
5. 'Olo'o lē pisa tamaiti.   — The children are not noisy.

Two other negative indicators are sometimes used—*lē 'o* and *le'i*. *Lē 'o* replaces *'ua lē* and *'olo'o lē* as in examples 1 and 5. *Le'i* replaces *na/sā lē* as in example 3.

Note: When you do this, you have to use the *e/te* marker.

for example: 1. 'Ua lē sau le pasi. — The bus has not come.
Replace *'ua lē* with *lē 'o* and use the *e* marker.
so:
E lē 'o sau le pasi.   — The bus is not coming.

2. 'Olo'o lē pisa tamaiti. — The children are not noisy.
Replace *'olo'o lē* with *lē 'o* and use the *e* marker.
so:
E lē 'o pisa tamaiti. — The children are not noisy.

Note: Example 5 is rarely used by Samoan speakers.
i.e., *'Olo'o lē pisa…*
E le'o pisa… is the more commonly used structure.

EXERCISE 69

Write the negatives of these statements

1. 'Ua momoe tamaiti.

2. Sā tū le tama i lalo o le lā'au.

3. 'Ou te nofo i Newtown.

4. 'Ole'ā siva le teine.

5. 'Olo'o moe Mataio.

EXERCISE 70

Write the negative

1. E sau le faiā'oga i le ta'avale.

2. E alu 'oe i le va'alele.

3. E fiafia le teine.

4. 'Ou te alu 'i Ueligitone.

5. 'Ou te sau taeao.

EXERCISE 71

Translate these negative statements

1. I do not like beer.

2. I am not Eseta.

3. Sina is not asleep.

4. Viliamu is not running.

5. She is not walking.

Money replaces tugase (kava root) in 'ava ceremony. Los Angeles, USA

Personal Pronouns

A pronoun is a word that takes the place of a noun. Pronouns in Samoan incorporate an "inclusive" and "exclusive" form, as well as providing for singular, dual, and plural forms.

Personal Pronouns

	Singular (one person)	**Dual** (two people)	**Plural** (three or more)
1st person	a'u, 'ita—I, me ('ou, o'u)	tā'ua (tā)—you and I (inclusive)	tātou—we (you all and I, i.e., speakers, listeners) (inclusive)
		mā'ua (mā) (exclusive)—we (he and I, but not the person addressed)	mātou—we (they and I, but not the person addressed)
2nd person	'oe ('e)—you au	'oulua (lua)—you (you two but not the speaker)	'outou (tou)—you (all addressed but not the speaker)
3rd person	ia (na) —he/she/it	lā'ua (lā)—they (two, excluding both speaker and person addressed)	lātou—they

The table shows corresponding English pronouns. It also shows major differences between the Samoan and English pronouns.

1. **Dual pronouns**: these involve only two people. The English language does not have dual pronouns.

2. **Exclusive and inclusive pronouns**: the pronoun for the first person, *we* in the dual and plural, has both an exclusive and inclusive form.

   thus: **dual** (we two)   **plural** (we)
   tā'ua (inclusive)   tātou (inclusive)
   mā'ua (exclusive)   mātou (exclusive)

" 'Ua alu atu le afi"—it is your turn. Hosts prepare to entertain guests. Samoan Studies, Victoria University, New Zealand

3. The third person singular *ia,* is used for *he, she, it.*

Note: The short forms of the pronouns (in parentheses) do not go with the particle *'o.*

for example: 'O a'u — 'O 'oe

They are used in the following ways:

(a) When the pronoun comes before the verb

'*Ou* te 'ai. — I eat.

compared to:

'Ua 'ai *a'u.* — I eat.

(b) When the pronoun goes between the verb and the tense marker

'Olo'o 'e māfaufau. — You are thinking.

compared to:

'Olo'o māfaufau 'oe. — You are thinking.

(c) When the pronoun is in the second clause of the nominative absolute, supporting the first clause

'O a'u nei, *'ou* te alu. — As for me, I'll go.

LESONA 20

Pronoun Usage

EXERCISE 72
Translate / Fa'aliliu

1. 'Ou te moe.
2. 'Ou te alu taeao.
3. 'Ou te faigāluega i le faletusi Polenisia.
4. 'Ou te lē fia 'ai.
5. 'Ou te lē siva.

EXERCISE 73
Translate / Fa'aliliu

1. 'E te sau taeao.
2. 'E te alu nānei.
3. Tou te 'a'ai.
4. Tou te sāvavali.
5. 'E te pese fiafia.

EXERCISE 74
Translate / Fa'aliliu

1. Tā ō.
2. Tā 'a'ai.
3. Mā te tā'a'alo.
4. Mā te mumusu.
5. Lā te talanoa.

6. Lā te ō mai taeao.
7. Lua te gālulue nānei.
8. Lua te pepese.
9. Na te iloa 'oe.
10. Na te fiafia 'iā te a'u.

EXERCISE 75
Translate / Fa'aliliu

1. 'O a'u 'o Semisi.
2. 'O a'u 'o le tama.
3. 'Ou te nofo i Grey Lynn.
4. 'O a'u 'o le Sāmoa.
5. 'Ou te iloa tautala fa'aperetania.

6. 'O 'oe 'o Mataio.
7. 'O ai a'u?
8. 'O ai 'oe?
9. 'O fea 'oe?
10. 'Ou te fia 'ai.

EXERCISE 76

Translate / Fa'aliliu

1. You are strong.
2. You are singing.
3. You are hungry.
4. Where are you?
5. Who are you?
6. You are Feleti.
7. You are a pastor.
8. Are you a Samoan?
9. Are you happy?
10. Where do you live?

EXERCISE 77

Translate / Fa'aliliu

1. He is a lawyer.
2. Walk to him.
3. He likes cricket.
4. She does not like rugby.
5. Who is he?
6. She knows him.
7. He has gone.
8. She is singing.
9. Where is he?
10. Give it to him.

EXERCISE 78

Translate / Fa'aliliu

1. 'O 'i mātou 'o tamaiti.
2. 'O 'i tātou 'o tagata gālulue.
3. 'O 'outou 'o tinā.
4. 'O 'i lātou 'o fōma'i.
5. Tou te sāvavali 'i fea?
6. Tou te ō mai?
7. Tou te fia 'a'ai?
8. Tou te fiafia?
9. Mātou te fa'anoanoa.
10. Tātou ō.

EXERCISE 79

Translate / Fa'aliliu

1. 'O 'oe 'o le fōma'i.
2. 'O ia 'o le faiā'oga.
3. 'O 'i lā'ua 'o 'ave pasi.
4. 'O 'outou 'o lōia.
5. 'O 'i mā'ua 'o leoleo.
6. 'O ai 'oulua?
7. 'O ai 'outou?
8. 'O 'i lā'ua 'o ni faiā'oga?
9. 'O ai ia?
10. 'O 'oe 'o Ioane?

EXERCISE 80

Translate / Fa'aliliu

1. They (2) are doctors.

2. Who are they? (3 +)

3. Are you a teacher?

4. Who is the lawyer?

5. I am the pastor/minister.

6. He is a bus driver.

7. We (2-incl.) are foremen.

8. We (2-incl.) are policemen.

9. I am a pastor.

10. We are Ioane, Pita, and Sina.

Vocabulary

'ave pasi	—	bus driver
lōia	—	lawyer
leoleo	—	policeman
fōmeni	—	foreman

Dual pronouns

tā'ua	mā'ua	'oulua	lā'ua
(tā)	(mā)	(lua)	(lā)

These pronouns are used only for two people. Whenever you want to talk to two people or talk about two people, remember to think dual. You will also need to remember that every time you see the words *we, you,* or *they,* ask yourself whether two or more people are involved.

EXERCISE 81 (DUAL PRONOUNS — INCLUSIVE)

Translate / Fa'aliliu

1. Let us go.

2. We are not going.

3. Henrietta likes us.

4. Let us pray.

5. Let us wait.

6. We are working.

7. Sina wants us.

8. We played yesterday.

9. We are hungry.

10. Please, let us eat.

"'Lau 'ava lenei…!"—Receive your 'ava cup.…!

EXERCISE 82 (DUAL PRONOUNS)

Translate / Fa'aliliu

1. Tā nonofo i 'Aukilani.

2. Mā te ō taeao.

3. 'O ai mā'ua?

4. 'O fea 'oulua?

5. 'O 'i lā'ua 'o leoleo.

6. 'O fea tā te ō 'i ai?

7. Tā te ō 'i Karaiesetete.

8. 'O fea lua te ō 'i ai?

9. Mā te ō 'i Ueligitone.

10. 'O 'i tā'ua 'o Papālagi.

 ## Conversation / Talanoaga

(A)	Tālofa lava 'outou.	Greetings to you all.
(E)	Tālofa lava Simi.	Greetings to you, Simi.
(A)	'O fea tou te ō 'i ai?	Where are you going to?
(E)	Mātou te ō 'i le lotu.	We are going to church.
(A)	Tou te mānana'o 'i se lifi?	Do you want a lift?
(E)	Leai fa'afetai.	No thank you.

EXERCISE 83

Replace the personal pronouns in italics with the dual equivalent.

for example: in section (c) replace *tou* with *lua*

so: 'O fea *lua* te ō 'i ai?   —   Where are you (2) going to?

Rewrite the whole conversation.

Practise it with a partner.

Plural pronouns

EXERCISE 84

Translate / Fa'aliliu

1. Let us go.

2. Let us stay.

3. We (but not you) will eat.

4. We (all of us) will run.

5. They work in Onehunga.

6. They sleep.

7. You cannot sleep.

8. We are dancing.

9. Give us the money.

10. Come here to us.

EXERCISE 85

Translate / Fa'aliliu

1. Sa tātou gālulue ananafi.

2. 'Ua mātou 'a'ai.

3. 'Ua 'outou sisiva.

4. 'Olo'o mātou talanoa.

5. 'Ole'ā mālōlō lātou.

6. Tātou tatalo.

7. E to'asefululima 'i mātou.

8. 'O ai 'outou?

9. 'O fea 'outou?

10. Ō mai tātou ō.

Exclusive / Inclusive pronouns

Study these diagrams to give you a better understanding of the exclusive/inclusive pronouns in Samoan.

Dual

tā*'ua* (inclusive)

mā*'ua* (exclusive)

lā*'ua* (exclusive)

'oul*ua* (exclusive)

Note: dual form ends with *ua/'ua*

Plural

tāt*ou* (inclusive)

māt*ou* (exclusive)

ʻout*ou* (exclusive)

lāt*ou* (exclusive)

Note: Plural form ends with *tou*

LESONA 21

Possessive Pronouns

The possessive pronouns are formed by using the personal pronoun together with the possessive markers **la** and **lo** (or their plural forms **a** and **o**). Two things need to be clear when dealing with the possessive pronouns:

1. Whether it is in the singular or plural.

   for example: la mā taʻavale   —   our car
                 a mā taʻavale   —   our cars

2. Whether the noun takes the *a* form of the possessive, or the *o* form.

EXAMPLES

a		o	
laʻu	my	loʻu	
lau	your	lou	
lana	his/her/its	lona	

Nouns in Samoan are grouped either as *personal* or *non-personal*.

Personal nouns are those with which one has an intimate and personal relationship. These include parts of the body, relatives, etc. The possessive pronoun that is used for the noun uses the *o* form.

for example: ʻo loʻu vae   —   my leg
              ʻo lou ulu   —   your head
              ʻo lona tamā   —   his/her father

Non-personal nouns are those which could be described as mere *objects*, having no intimate relationship to one's life. These include such things as cars, foods, etc. The possessive pronoun that is used for the noun uses the *a* form.

for example: ʻo laʻu peni   —   my pen
              ʻo lau uilaafi   —   your motorcycle
              ʻo lana kī   —   his/her key

Let's look at two examples.

(a) my mother   —   lo'u tinā
(b) my book   —   la'u tusi

Example (a) is the possessive case of the personal noun *tinā* (mother) and (ii) is the possessive case of the non-personal noun *tusi* (book).

It is important to use the proper form of the possessive pronoun, i.e., *a* or *o* because it would sound incorrect to use the wrong one. In certain cases, the meaning is changed if you use the wrong form.

for example: 'o la'u susu   —   my milk
                'o lo'u susu   —   my breast

Vocabulary

Parts of the body / Vāega o le tino

ulu	head	muāulu	forehead
mata	eye/face	gutu	mouth
tau'au	shoulder	lima	arm/hand
tulilima	elbow	vae	foot/legs
mulivae	heel	laulu	hair
taliga	ear	isu	nose
ua	neck	fatafata	chest
susu	breast	tapulima	wrist
pute	navel	tama'ilima	finger
tulivae	knee	tamatama'i vae	toes
laugutu	lips	nifo	tooth/teeth
laulaufaiva	tongue	tua/papātua	back
toto	blood	ivi/ponāivi	bones
fai'ai	brain	nofoaga	buttocks
'auvae/muā'auvae	chin	fatu	heart
suilapalapa/no'o	hip	māmā	lungs
pa'u	skin	ivitū	spine
manava	stomach	fā'a'ī	throat
lima matua	thumb		

EXERCISE 86

Translate / Fa'aliliu

1. my mother
2. my father
3. my head

4. my leg
5. my hand

EXERCISE 87

Translate / Fa'aliliu

1. your nose
2. your ear
3. your eye
4. your head
5. your hair

EXERCISE 88

Translate / Fa'aliliu

1. his house
2. his boat
3. his shoe
4. her dress
5. her office

Taualuga, the finale dance performed by the guest of honour. Wellington, New Zealand

Here is a list of categories for *o* and *a* nouns which will help you decide which possessive pronoun to use. This list has exceptions which are shown in parentheses.

Personal possessions — "o" class

1. Relations — *except*   tāne   (husband)
                                āvā   wife
                                tama   (woman's child)
                                fānau   (children)
                                pepe   (baby)
2. Soul, emotions, etc.
3. Body and its parts — *except* 'ava (beard)
4. Clothing
5. House and its parts
6. Boat and its parts
7. Land — *except* fa'ato'aga (plantation)

Non-personal possessions — "a" class

1. Property of every kind
2. Language, words, speech
3. Animals, plants
4. Work
5. Food
6. Customs and conduct

The Samoan possessive pronouns, both the *a* and *o* forms, follow.

Possessive pronouns

1. Definite

Note that in the formation of the plural in the definite forms, the *l* is dropped off from the possessive marker:

for example:	lo'u	—	o'u
	la'u	—	a'u
	lo lua	—	o lua
	la lātou	—	a lātou, etc.

Singular nouns		Plural nouns
lo'u, la'u	my	o'u, a'u
lou, lau	your	ou, au
lona, lana	his/hers/its	ona, ana
lo tā, la tā	our (2)	o tā, a tā
lo mā, la mā	our (2)	o mā, a mā
lo lua, la lua	your (2)	o lua, a lua
lo lā, la lā	their (2)	o lā, a lā
lo tātou, la tātou	our	o tātou, a tātou
lo mātou, la mātou	our	o mātou, a mātou
lo tou, la tou	your	o tou, a tou, o 'outou
lo lātou, la lātou	their	o lātou, a lātou

2. Indefinite

Note the *l* has changed to *s* in the singular indefinite forms of the possessives. The plural forms are derived by adding *ni* and dropping the *s* from the singular possessive form.

for example: sou   —   ni ou
            so lua   —   ni o lua
            so tou   —   ni o tou, etc.

Singular nouns		Plural nouns
so'u, sa'u	my	ni o'u, ni a'u
sou, sau	your	ni ou, ni au
sona, sana	his/hers/its	ni ona, ni ana
so tā, sa tā	our (2)	ni o tā, ni a tā
so mā, sa mā	our (2)	ni o mā, ni a mā
so lua, sa lua	your (2)	ni o lua. ni a lua
so lā, sa lā	their (2)	ni o lā, ni a lā
so tātou, sa tātou	our	ni o tātou, ni a tātou
so mātou, sa mātou	our	ni o mātou, ni a mātou
so tou, sa tou	your	ni o tou, ni a tou
		ni o 'outou, ni a 'outou
so lātou, sa lātou	their	ni o lātou, ni a lātou

EXERCISE 89

Translate / Fa'aliliu

1. my books
2. my chairs
3. my pens
4. my papers
5. my cars

EXERCISE 90

Translate / Fa'aliliu

1. your hands
2. your eyes
3. your legs
4. your ears
5. your fingers

EXERCISE 91

Translate / Fa'aliliu

1. her houses
2. her shoes
3. her offices
4. his shirts
5. his ears

EXERCISE 92

Translate / Fa'aliliu

1. our (2) car
2. our (2) house
3. our (2) pen
4. our (2) chair
5. our (2) table

EXERCISE 93

Translate / Fa'aliliu

1. your (2) hands
2. your (2) eyes
3. your (2) legs
4. your (2) ears
5. your (2) fingers

EXERCISE 94

Translate / Fa'aliliu

1. o lā fale
2. o lā va'a
3. a lā ta'avale
4. a lā 'upu
5. a lā gāluega

EXERCISE 95

Translate / Fa'aliliu

1. 'O sa tā va'a lenei?
2. 'O sa tā 'ato lelā?
3. 'O sau ta'avale lea?
4. 'O sou 'ofu lele?
5. 'O sana falaoa lenei?

EXERCISE 96

Translate / Fa'aliliu

1. 'O lo mātou fale lenei.
2. 'O lo 'outou fale lenā.
3. 'O la lātou ta'avale lale.
4. 'O la tātou pasi lelā.
5. 'O la mātou fesili lenei.

EXERCISE 97

Translate / Fa'aliliu

1. 'Ua iai la'u uati.
2. 'Ua iai sau tusi?
3. 'Ua iai sana peni?
4. 'Ua iai sona 'ofutino?
5. 'Ua iai sou fusiua?

EXERCISE 98

Translate / Fa'aliliu

1. 'Ua iai ni o tātou se'evae?
2. 'Ioe, 'ua iai o tātou se'evae.
3. 'Ua iai ni o mātou 'ofutino?
4. Leai, 'ua leai ni o 'outou 'ofutino.
5. Sa iai ni a 'outou tusi?

EXERCISE 99

Translate / Fa'aliliu

1. 'O fea lau 'ato?
2. 'O fea lana tusi?
3. 'O fea a tā peni?
4. 'O fea a lua laulau?
5. 'O fea a lā nofoa?

EXERCISE 100

Translate / Fa'aliliu

1. 'O o ma 'ofutino.
2. 'O a ma peni.
3. 'O o ma nofoa.
4. 'O o mātou fanua.
5. 'O o mātou fale.

More on Adjectives

You have learnt earlier that adjectives in Samoan usually follow the noun, and generally agree in number with the nouns they describe. This means that while nouns rarely have a plural form, adjectives often do.

for example: 'o se lā'au *tele* — a big tree (singular)
'o ni lā'au *tetele* — big trees (plural)

Numerals also follow the noun

for example: 'o le tusi e *tasi* — *one* book
'o tusi e *lua* — *two* books
'o tusi e *tolu* — *three* books
etc.
'o tusi *e sefulu ma le tasi* — *eleven* books
'o tusi e *lua selau* — *two hundred* books

People

for example: 'o tagata e *to'alima* — *five* people
'o tamāloloa e *to'asefulu* — *ten* men
'o teine e *to'avalusefulu* — *eighty* girls

Colours also follow the noun

The word *lanu* means colour. A number of colours in the Samoan language begin with this word.

for example: lanumeamata — green (the colour of unripe things)
lanumoana — blue (the colour of the deep sea)
lanumoli — orange
lanupīniki — pink

For all other colours, *lanu* is often omitted.

EXAMPLES

Singular		**Plural**
mūmū	red	mūmū
pa'epa'e	white	papa'e
uliuli	black	uli
'ena'ena	brown	'e'ena
samasama	yellow	samasama
lanumeamata	green	lanumeamata
lanumoana	blue	lanumoana
lanumoli	orange	lanumoli
lanupīniki	pink	lanupīniki

for example: 'o le fale samasama — the yellow house

'o le polo pa'epa'e — the white ball

Note: Adjectives that come before the noun are treated as verbs.

for example:

colours

E 'ena'ena le 'ato. — The basket is brown.

E mūmū 'ofutino. — The shirts are red.

numerals

E tasi le tusi. — There is one book.

E selau ta'avale. — There are a hundred cars.

E lima tālā. — There are five dollars.

EXERCISE 101
Translate / Fa'aliliu

1. 'O le peni mūmū.

2. 'O le 'ato 'ena'ena.

3. 'O pasi samasama.

4. 'O lā'au lanumeamata.

5. 'O le fale lanumoana.

EXERCISE 102
Translate / Fa'aliliu

1. one boy

2. two boys

3. three girls

4. four cars

5. five books

EXERCISE 103
Translate / Fa'aliliu

1. The ball is red.

2. The chair is white.

3. The coffee is black.

4. The paper is pink.

5. The book is green.

EXERCISE 104
Translate / Fa'aliliu

1. 'O le 'ato 'ena'ena lenei.

2. 'O le pasi mūmū lenā.

3. 'O le solofanua uliuli lale.

4. 'O le pusi pa'epa'e lea.

5. 'O le maile pa'epa'e lelā.

EXERCISE 105

Translate / Fa'aliliu

1. The books are green.

2. The shirts are blue.

3. The cars are pink.

4. The horses are brown.

5. The pens are white.

EXERCISE 106

Translate / Fa'aliliu

1. E tolu va'alele.

2. E sefulufitu tālā.

3. E toluselau pepa.

4. E to'avalu tamāloloa.

5. E limasefulu 'ato.

'Ie tōga—fine mat

Buying and Selling

 ## Conversation / Talanoaga

(A)	E iai se mea 'e te mana'o ai?	Is there anything that you want?
(E)	'I. E iai ni tou 'apa pīsupo fa'amolemole?	Yes. Have you any cans of corned beef please?
(A)	'Ioe. E tele.	Yes. (There's) plenty.
(E)	'O ā itū'āiga?	What kinds?
(A)	Tolu selau kalama, fā selau kalama, afe lua selau kalama. (tasi le kilo-kalama lua selau kalama)	Three hundred grams, four hundred grams, twelve hundred grams. (one kilogram two hundred grams)
(E)	'Ia, 'aumai lā se 'apa fā selau kalama fa'amolemole. E fia le tau?	Well, bring one four hundred grams please. How much does it cost?
(A)	E fā tālā i le 'apa e tasi.	It's four dollars for one can.
(E)	Fa'afetai.	Thank you.
(A)	Fa'afetai fo'i.	Thank you also.

Structures / Vocabulary

iai	—	is, are, were		fa'atau	—	buy/sell
fia?	—	how much?		Tau	—	price/cost
'ua 'uma	—	it's finished		E fia le tau?	—	How much is the price?
tou	—	you (plural)		'O le ā le tau?	—	What is the price?
au	—	you (singular)		E	—	present tense indicator

pata	butter	falaoa	bread
suka	sugar	pani	bun
kofe	coffee	sōsisi	sausages
lautī	tea	fasipovi	beef/meat
alaisa	rice	moa	chicken
falaoamata	flour	i'a	fish
aniani	onions	maso	mussel
lialia	vermicelli	fe'e	octopus
'apa i'a	tinned fish	māmoe	mutton/lamb
matāuila	light bulb	pua'a	pig
afitusi	matches	kalama	gram
kilokalama	kilogram		

To'oto'o—oratorical staff for orators

EXERCISE 107
Translate / Fa'aliliu

1. E iai ni tou suka?
2. 'Ioe. E tālā limasefulu sene i le tolu kilokalama.
3. E iai ni tou falaoa fa'amolemole?
4. E iai ni tou sōsisi fa'amolemole?
5. E leai ni mātou fasipovi.

EXERCISE 108
Translate / Fa'aliliu

1. Have you any coffee?
2. Have you any fish?
3. Have you any onions?
4. Yes. There's plenty.
5. Yes. We have butter.

EXERCISE 109
Translate / Fa'aliliu

1. E fia le tau?
2. 'Aumai se falaoa fa'amolemole.
3. 'O le ā le tau o le pua'a?
4. E fia le tau o le moa?
5. E iai ni 'apai'a?

EXERCISE 110
Translate / Fa'aliliu

1. E valu tālā i le kilokalama.
2. E sefulu sene.
3. E tolusefulu tālā, luasefulu sene le tau.
4. E tele.
5. Leai. 'Ua 'uma.

LESONA 24

The Verb 'To Be'

The verb *to be* includes *am, is, are, was,* and *were* in English. There are no single words in Samoan for these words. However, there are other ways (equivalent structures) to express these.

1. *Iai* can be used as a verb for the words *there is, there were,* etc. by using the tense marker of the tense required.

   (*E* is the present tense marker used in the following examples.)

   for example: E iai se falaoa?   —   Is there any bread?

               E iai laulau ma nofoa.   —   There are tables and chairs.

2. Placing nouns (or noun phrases) side by side makes phrases like the following:

   'O a'u 'o le tama.   —   I am a boy.

   'O Lagi 'o le fōma'i.   —   Lagi is a doctor.

   'O Sina 'o le lōia.   —   Sina is a lawyer.

3. When we use tense markers with adjectives and adverbs, these adjectives and adverbs take on the verb function.

   for example: Sā loloto le vaitā'ele.   —   The pool was deep.

               'Ole'ā fia 'ai le tama.   —   The boy will be hungry.

4. With the tense markers *'ua* and *'olo'o* the auxiliary verb *to be* is often translated with the main verb.

   for example: 'Olo'o alu le pasi.   —   The bus is going.

               'Ua 'ou fia moe.   —   I am sleepy.

5. *'O* is the equivalent of the verb *is* in sentences such as:

   'O le fale.   —   (It's) the house.

   'O le teine.   —   (It's) the girl.

   It tells us that something exists. (See Lesona 11.)

Singers await conductor.

EXERCISE 111
Translate / Fa'aliliu

1. E iai se 'ato?

2. E iai se tama?

3. E iai se lā'au i fafo?

4. E iai se tamaitiiti?

5. E iai se peni?

EXERCISE 112
Translate / Fa'aliliu

1. The water was cold.

2. The house was brown.

3. The bottle was broken.

4. The boy will be sleepy.

5. The baby will be cold.

EXERCISE 113
Translate / Fa'aliliu

1. Sā iai ni peni?

2. Sā iai ni tagata?

3. Na iai ni ta'avale?

4. Na iai ni se'evae?

5. Na iai ni laulau?

EXERCISE 114
Translate / Fa'aliliu

1. The pastor is praying.

2. The man is walking.

3. The girl is working.

4. The dog is sleeping.

5. The cat is eating.

EXERCISE 115
Translate / Faʻaliliu

1. ʻO aʻu ʻo le faiāʻoga.
2. ʻO ʻoe ʻo le fōmaʻi.
3. ʻO ia ʻo le faifeʻau.
4. ʻO Viliamu ʻo le ʻinisinia.
5. ʻO Mataio ʻo le porōfesa.

EXERCISE 116
Translate / Faʻaliliu

1. Na iai le fale.
2. Na iai le tupe.
3. Na iai le tamāloa i le fale.
4. Na iai le ʻato i totonu o le potu.
5. ʻOloʻo iai le pepa i luga o le laulau.

EXERCISE 117
Translate / Faʻaliliu

1. E iai le fale.
2. E iai se fale?
3. ʻIoe, e iai le fale.
4. Leai, e leai se fale.
5. E iai ni fale?
6. ʻIoe, e iai fale.
7. Leai, e leai ni fale.
8. E iai fale.

EXERCISE 118
Translate / Faʻaliliu

1. E iai le taʻavale i le faletaʻavale.
2. E iai tagata i le potu.
3. ʻIoe, e iai faiāʻoga i le āʻoga.
4. Leai, e leai se gāluega.
5. E iai ni meaʻai o le faleʻaiga?

EXERCISE 119
Translate / Fa'aliliu

1. There is a man in the shop.

2. No, there are no trees in the picture.

3. Yes, there is a dog in the picture.

4. Is there a house near the road?

5. Are there any people in the room?

EXERCISE 120
Translate / Fa'aliliu

1. 'O le tamāloa.

2. 'O le fale.

3. 'O a'u.

4. 'O ia.

5. 'O 'i lātou.

The Structure 'To Have'

The structure *to have (e iai)* is produced in Samoan when we use *iai* with possessive pronouns.

for example:
E iai la'u ta'avale.	— I have a car. (Lit.: There is a car of mine.)
E iai lau tusi.	— You have a book. (Lit.: There is a book of yours.)
E iai lana 'ato.	— She/he has a basket. (Lit.: There is a basket of his/hers.)
E iai lona va'a.	— He/she has a boat. (Lit.: There is a boat of his/hers.)
E iai lona fale.	— He/she has a house. (Lit.: There is a house of his/hers.)

Study these questions and answers

E iai sau ta'avale?	— Do you have a car?
'Ioe, e iai la'u ta'avale.	— Yes. I have a car.
Leai, e leai sa'u ta'avale.	— No. I don't have a car.

E iai sona fa'amalu?	— Does she have an umbrella?
'I, e iai lona fa'amalu.	— Yes, she has an umbrella.
Leai, e leai sona fa'amalu.	— No, she doesn't have an umbrella.

Vocabulary

'ofu	dress	'ofuvae	trousers
'ofuvae loto	underwear (men)	'ofuvae pu'upu'u	shorts
mitiafu	singlet/t-shirt	'ofutino	shirt
peleue	coat/jacket	'ie lavalava	wraparound
fusiua	tie	tōtini	sock(s)
kalikeni	cardigan	'ofu fa'atimu	raincoat
fa'amalu	umbrella	'ofu māfanafana	jersey/pullover

Possessive pronouns used here

definite		indefinite
la'u/lo'u	my	sa'u/so'u
lau/lou	your	sau/sou
lana/lona	his/hers/its	sana/sona

Oral practise

(A) E iai sou 'ofuvae?

'Ioe, e iai lo'u 'ofuvae.

Leai, e leai so'u 'ofuvae.

(E) E iai sou mitiafu?

'Ioe, e iai lo'u mitiafu.

Leai, e leai so'u mitiafu.

(I) E iai sona fusiua?

'Ioe, e iai lona fusiua.

Leai, e leai sona fusiua.

(O) E iai sau ta'avale?

'Ioe, e iai la'u ta'avale.

Leai, e leai sa'u ta'avale.

(U) E iai sana peni?

'Ioe, e iai lana peni.

Leai, e leai sana peni.

Sulaina o tōga, acknowledging gifts of 'ie tōga. Samoan Studies, Victoria University, New Zealand

EXERCISE 121

Translate / Fa'aliliu

1. E iai la'u maile 'ena'ena.
2. E iai lo'u va'a lāpo'a.
3. E iai lona fusiua pīniki.
4. E iai lana ta'avale uliuli.
5. E iai lona 'ofutino mūmū.

EXERCISE 122

Translate / Fa'aliliu

1. E iai sou 'ie lavalava?
2. E iai sau laulau?
3. E iai sou 'ofu?
4. E iai sona 'ofuvae?
5. E iai sana uō?

EXERCISE 123

Translate / Fa'aliliu

1. 'Ua iai lana gāluega.
2. 'Ua iai lona to'alua.
3. 'Ua iai lana fānau.
4. 'Ua iai lana ta'avale.
5. 'Ua iai lona va'a.

EXERCISE 124

Translate / Fa'aliliu

1. Sā iai la'u uō.
2. Sā iai lana maile.
3. Na iai lona peleue.
4. Na iai lana tupe.
5. Na iai lau uati.

EXERCISE 125

Translate / Fa'aliliu

1. E leai sona peleue.
2. E leai sana 'ato.
3. E leai sona kalikeni.
4. E leai sana tupe.
5. E leai sana tusi.

LESONA 26

Word Order in Samoan Sentences

In Samoan, four sentence patterns are generally used to express thought.

The most commonly used word order or sentence pattern begins with the *verb* (or verb phrase) followed by the *subject* (noun/noun phrase) followed by the *object* (noun/noun phrase). We can abbreviate the pattern as **V + S + O**.

This pattern is also common in other Polynesian languages such as Pukapukan, Tahitian, Hawaiian, Māori, etc.

Examples of V + S + O include:

1. *Sā alu le ʻolomatua ʻi le lotu — The old woman went to church.*

   [T.I. (Sā) +**V** (alu) + **S** (le ʻolomatua) + prep (ʻi) + **O** (le lotu)]

2. *Na ʻai e le tama le meaʻai — Was eaten by the boy the food (The boy ate the food.)*

   [T.I. (Na) + **V** (ai) + agentive particle (e) + **S** (le tama) + **O** (le meaʻai)]

In those two examples, the tense indicators (T.I.) are used to mark tense and aspect in the Samoan language. The preposition *ʻi (i)* in example 1 marks the object, while in example 2, the word *e* (agentive particle) marks the subject of the sentence. Both these types of sentences are transitive sentences—i.e., they both have objects. Note that the positions of the nouns in Samoan sentences do not denote subject and object in a clear cut manner as in English. The grammatical word order is therefore patterned differently to English. Hence it is necessary in Samoan to mark the subject and the object, as shown above.

In a Samoan sentence, the position of the noun does not indicate its role, as in an English sentence.

for example:
The boy ate the hamburger — where *boy* and *hamburger* in English are clearly in a nominative/accusative relationship. The translation would be: *ʻO le tama na ʻaia le hamapeka,* with the pattern S + V + O resulting (see below).

Turtle figure captured on siapo

If we look at sentence 2 again, we find that we can also switch the order of the subject and the object and still retain the meaning in Samoan. It is not possible to do this in English.

for example:
Na 'ai le mea'ai e le tama — *Was eaten the food by the boy (The boy ate the food).* The pattern is now **V + O + S**; this pattern is also regularly used in the Samoan language.

Another sentence pattern used by Samoan is **S + V + O,** or subject + verb + object.

for example:
'O Ioane na faia le saka talo. — *Ioane boiled the taro.*
[Nom. particle ('O) + **S** (Ioane) + T.I. (na) + **V** (faia/ pv) + **O** (le saka talo).]

Another pattern sometimes found in Samoan is **O + V + S.**

for example:
'O le fale lelā na fau e le tufuga faufale. — *That house was built by the carpenter.*

In summary, the four sentence patterns most commonly used to express thought in Samoan are:

V + S + O (Verb + Subject + Object)
S + V + O (Subject + Verb + Object)
V + O + S (Verb + Object + Subject)
O + V + S (Object + Verb + Subject)

EXERCISE 126

Translate the following and list the sentence pattern to which each belongs

1. 'Ua moe le pepe i le moega.

2. Sā fai e le vasega le lesona.

3. 'O le toea'ina na taumafaina le i'a.

4. 'O le tamāloa sā faia le tatalo anapō.

5. 'Ua lē fiafia le tinā 'i lana tama.

6. Na 'ai le mea'ai e le 'isumu.

7. 'Olo'o fau le ta'avale e Siaki.

8. 'O le faiā'oga 'olo'o talanoa 'i lana vasega.

9. Na fafaga e le tama le pua'a.

10. 'O le nofoa lenā na 'aumai e lo'u uso.

"Ou māmā nā!"—good luck!

LESONA 27

The Relative Particle *Ai*

The *ai* in this lesson is different from the interrogative *ai* that we studied earlier.

Ai here is the relative particle and has no one single translation. It is used to refer to something that is implicitly understood or mentioned earlier in the sentence or conversation.

Ai always follows the verb and comes after the preposition *ʻi* (to) when the action of the verb is directed to something or someone.

for example: (A) ʻE te alu ʻi le fale? — Are you going to the house?
ʻE te alu ʻi ai? — Are you going to it?

(E) ʻE te alu ʻi le tīfaga? — Are you going to the movies?
ʻIoe, ʻou te alu ʻi ai. — Yes. I'm going to it.

Ai and the question "where"

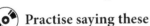

Practise saying these

(A) ʻE te alu ʻi le lotu?
(Are you going to church?)

ʻIoe, ʻou te alu ʻi ai.
(Yes, I'm going to it.)

(E) Tou te ō ʻi le fono?
(Are you (3+) going to be meeting?)

ʻIoe, mātou te ō ʻi ai.
(Yes, we're going to it.)

(I) Lua te ō ʻi le āʻoga?
(Are you (2) going to school?)

ʻIoe, mā te ō ʻi ai.
(Yes, we (2) are going to it.)

(O) Tā te ō ʻi le fale?
(Are we (2) going home?)

ʻIoe, tā te ō ʻi ai.
(Yes, we (2) are going to it.)

(U) Tātou te ō ʻi Sāmoa?
(Are we (3+) going to Sāmoa?)

ʻIoe, tātou te ō ʻi ai.
(Yes, we (3+) are going to it.)

EXERCISE 127

Translate / Fa'aliliu

1. 'E te savali 'i le ā'oga?
2. 'Ioe, 'ou te savali 'i ai.
3. 'E te alu 'i le siva?
4. 'Ioe, 'ou te alu 'i ai.
5. Lua te ō 'i le fono?
6. 'Ioe, mā te ō 'i ai.

Practise saying these

(A) 'O fea e te alu 'i *ai*?
　　'Ou te alu 'i le lotu.
(E) 'O fea e alu 'i *ai* Sina?
　　E alu 'o ia 'i le ā'oga.
(I) 'O fea e moe *ai* Simi?
　　E moe 'o ia i le moega la'itiiti.
(O) 'O fea e nofo ai 'oe?
　　'Ou te nofo i Newtown.

EXERCISE 129

Translate / Fa'aliliu

1. 'O fea 'e te tamo'e 'i ai?
2. 'O fea lua te ō 'i ai?
3. 'O fea e savali 'i ai Ioane?
4. 'O fea e moe ai Pita?
5. 'O fea e alu 'i ai Sina?

EXERCISE 128

Translate / Fa'aliliu

1. Are you going to the movies?
2. Yes, I'm going to it.
3. Are you walking to the church?
4. Yes, I'm walking to it.
5. Are you happy with the dance?
6. Yes, I'm happy with it.

Where are you going to?
I'm going to church.
Where is Sina going to?
She is going to school.
Where will Simi sleep?
He will sleep on the small bed.
Where do you live at?
I live in Newtown.

EXERCISE 130

Translate / Fa'aliliu

1. Where is she going to?
2. Where are you going to?
3. Where are you (2) walking to?
4. Where are you (3) running to?
5. Where is Ioane going to?

　　You should practise using this particle often. You will learn that if it is left out of a sentence, the meaning will not be complete, and the sentence will also be unbalanced.

Note: As a general rule, *ai* should be used whenever the sentence spoken refers to someone or something being talked about, or mentioned previously in the same sentence.

Ai and the question "who"

 Practise saying these

1. (A) 'E te fiafia 'iā Pili?   Do you like Pili?
        'Ioe, 'ou te fiafia 'i ai.   Yes, I like her.

   (E) 'E te ita 'iā Simi?   Do you dislike Simi?
        'Ioe, 'ou te ita 'i ai.   Yes, I dislike him.

   (I) 'E te mana'o 'iā Poasa?   Do you want Poasa?
        'Ioe, 'ou te mana'o 'i ai.   Yes, I want him.

2. (A) 'O ai 'e te alofa 'i ai?   Who do you love?
        'Ou te alofa 'iā Semisi.   I love Semisi.

   (E) 'O Semisi 'ou te alofa 'i ai.   It's Semisi, I love him.
        'O ai 'e te mana'o 'i ai?   Who do you want?

   (I) 'Ou te mana'o 'iā Gogo.   I want Gogo.
        'O Gogo 'ou te mana'o 'i ai.   It's Gogo, I want her.

   (O) 'O ai 'e te 'ino'ino 'i ai?   Who do you dislike?
        'Ou te 'ino'ino 'iā ia.   I dislike her.
        'O ia 'ou te 'ino'ino 'i ai.   It's she, I dislike her.

Ai and the questions "what / which"

 Practise saying these

(A) 'E te mana'o 'i le 'apu?   Do you want the apple?
     'E te mana'o ai?   Do you want it?

(E) 'Ioe, 'ou te mana'o ai.   Yes, I want it.
     Leai, 'ou te lē mana'o ai.   No, I don't want it.

Note: The *'i* and *'i ai* are dropped in these examples.

EXERCISE 131

Translate / Fa'aliliu

1. 'E te mana'o 'i le ipu?

2. 'E te mana'o ai?

3. 'E te mana'o 'i le talo?

4. 'E te mana'o ai?

5. 'E te mana'o 'i le teutusi?

6. 'E te mana'o ai?

EXERCISE 132

Translate / Fa'aliliu

1. 'Ioe, 'ou te mana'o ai.

2. Leai, 'ou te lē mana'o ai.

3. 'E te mana'o 'i le peni?

4. 'E te mana'o 'i le pepa ma le penitala?

5. Leai, 'ou te lē mana'o ai.

Ai and the question "when"

 Practise saying these

1. (A) 'O anafea na 'e sau ai?   When did you come (at)?
          'O ananafi na 'ou sau ai.   I came (at) yesterday.

   (E) 'O anafea na tou sisiva ai?   When did you (3+) dance (at)?
          'O anapō na mātou sisiva ai.   We danced (at) last night.

   (I) 'O anafea na 'e ma'i ai?   When were you sick (at)?
          'O talaatu ananafi na 'ou ma'i ai.   I was sick the day before yesterday.

2. (A) 'O āfea e fai ai le talanoaga?   When will the discussion be held?

   (E) 'O le Aso Lulu e fai ai.   It will be held on Wednesday.
          'O le aso 9 e fai ai.   It will be held on the ninth.
          'O taeao e fai ai.   It will be held tomorrow.

EXERCISE 133

Translate / Fa'aliliu

1. When will the meeting be held?

2. It will be held on Monday.

3. When will the party be held?

4. It will be held tomorrow.

5. It will be held on the fifteenth.

EXERCISE 134

Translate / Fa'aliliu

1. 'O āfea e 'uma ai le fono?

2. 'O āfea e fai ai le lotu?

3. 'O le aso 22 e fai ai.

4. 'O āfea e fai ai le siva?

5. 'O le Aso To'ona'i e fai ai.

EXERCISE 135

Write the appropriate reply using *ai*

1. 'E te alu 'i le tīfaga?   Are you going to the movie?
                                       Yes, I'm going to it.

2. 'E te alu 'i le falema'i?   Are you going to the hospital?
                                       Yes, I'm going to it.

3. Lua te ō 'i le fono?   Are you (2) going to the meeting?
                                       Yes, we are going to it.

4. Tou te ō 'i le ta'aloga pasiketipolo?   Are you (3+) going to the basketball game?
                                       Yes, we are going to it.

EXERCISE 136

Write the following in Samoan

1. Go to John.

2. Where are you going?

3. No, I am not going to do it.

4. Who is going to it?

5. Why did Pita go to it?

6. Are you (2) going to it?

7. Do you love Mary?

8. I am going to Jim.

9. Are you going to it?

10. Is she going to it?

11. I did not go to it.

12. Yes, we (2) are going to it.

EXERCISE 137

Translate the following into Samoan

1. Mary said to Thomas, "Are you going to the party tomorrow night?"

2. Thomas replied, "Yes, I am going to it. Are you going to it?"

3. "Yes, but I may be late," said Mary.

4. Thomas said, "Did you go to the party last Saturday night?"

5. Replied Mary, "No I didn't, but Peter and John went."

6. "Did they like it?" asked Thomas.

7. "Yes, they really liked it."

LESONA 28

Conjunctions

Conjunctions are joining words. In this lesson we shall study a few conjunctions and their uses.

1. **Because** ('auā, ina 'ua, leaga, 'ona 'o)

   (A) 'Ua 'ou fiafia *'auā* 'ua maua la'u tupe.
       I'm happy *because* I got my money.

   (E) Sā ia tagi *'auā* sa tīgā lona lima.
       He cried *because* his hand was sore.

   (I) Na 'ou *tagi ina 'ua* tīgā lo'u vae.
       I cried *because* my foot was sore.

   (O) Sā ia moe *leaga* na vaivai o ia.
       She slept *because* she was tired.

   (U) Na mātou ō mai *'ona 'o* le fono.
       We came *because* of the meeting.

2. **But** ('ae, 'a)

   (A) 'Ou te fiafia 'i le talo *'ae* 'ou te lē fiafia 'i le ufi.
       I like taro, *but* I don't like yam.

   (E) Sā 'ou fia moe *'ae* sā lē ai se taimi.
       I wanted to sleep, *but* there was no time.

   (I) 'E te pisa so'o *'a* 'ua 'ou alofa pea.
       You make a lot of noise, *but* I still love you.

3. **Nevertheless** ('ae peita'i)

   (A) E 'ese le mativa o le tamāloa *'ae peita'i* e loto alofa tele o ia.
       The man is very poor but *nevertheless* he still is very generous.

   (E) Na vaivai tele le teine *'ae peita'i* sā ia taumafai pea.
       The girl was very tired, but *nevertheless* she kept on trying.

4. **If — implied future** (pe'ā)

If future (pe'āfai)

If past (pe 'ana)

(A) 'Ou te lē sau *pe'ā* timu.

I won't come *if* it rains.

(E) Mātou te lē lolotu *pe'āfai* e lē lelei le tau.

We (3+) won't go to church *if* the weather is not fine.

(I) Mā te nonofo *pe 'ana* 'e vave sau.

We (2) would have stayed *if* you had come earlier.

5. **While** ('a'o)

(A) Inu lau kofe *'a'o* vevela.

Drink your coffee *while* it is hot.

(E) Na pese le fafine *'a'o* ia savali i le 'auala tele.

The woman sang *while* she was walking along the road.

6. **When** past (ina 'ua)

(A) Sā 'ou alu 'ese ma le fale *ina 'ua* 'uma tīmuga.

I left the house *when* the rain stopped.

(E) Na tamo'e le tama *ina 'ua* sau le pasi.

The boy ran *when* the bus came.

EXERCISE 138 — Because

Translate / Fa'aliliu

1. I'm eating because I'm hungry.

2. You are angry because you are tired.

3. She ate because she was hungry.

4. We came because of you.

5. We slept because of tiredness.

EXERCISE 139 — But

Translate into English / Fa'aliliu i le gagana Peretania

1. Sā 'ou fia 'ai 'ae sā leai se mea'ai.

2. E alu Iosua 'ae nofo Peleti.

3. 'E te gaoi so'o 'a 'ua 'ou alofa pea.

4. Lua te pepelo so'o 'a 'ua 'ou alofa pea.

5. Tou te pisa so'o 'a 'ua 'ou alofa pea.

EXERCISE 140 — **Nevertheless**

Translate into Samoan / Fa'aliliu i le gagana Sāmoa

1. The boy was small but nevertheless he was fast.

2. He was tired but nevertheless he ran.

3. They (3+) were poor but nevertheless they gave money to the church.

EXERCISE 141 — **If**

Translate into English / Fa'aliliu i le gagana Peretania

1. 'Ou te sau pe'ā susulu le lā.

2. E lē alu Eta pe'āfai e vaivai o ia.

3. Lua te nonofo pe 'ana 'e vave sau.

4. Mātou te ō mai pe 'ana iai se mea'ai.

5. Sau pe'ā susulu le lā.

"'Oloa fou"—new products

EXERCISE 142 — **While**

Translate into Samoan / Fa'aliliu i le gagana Sāmoa

1. Eat your bread while it is hot.

2. Pour the water while it is hot.

3. Pita ran while it was warm.

4. He sang while he was having a shower.

5. Don't drink alcohol while you are driving.

EXERCISE 143 — **When**

Translate into English / Fa'aliliu i le gagana Peretania

1. Na pa'ū le tamaitiiti ina 'ua se'e lona vae.

2. Sā patipati tagata ina 'ua fiafia.

3. Na inu le kofe a le fafine ina 'ua fa'asuka.

4. Sā tamo'e le teine ina 'ua tā le logo.

5. Na alu le tamāloa ina 'ua 'uma le mea'ai.

Ten Useful Conversations

 ## 1. Dialogue / Talanoaga

Faiā'oga / Teacher

Tama ā'oga / Pupil

(A) 'O ai lou igoa?
(What is your name?)

'O Talafatai Poloma.
(It is Talafatai Poloma.)

(E) 'E te nofo i fea?
(Where do you live?)

'Ou te nofo i Grey Lynn.
(I live in Grey Lynn.)

(I) 'O anafea na 'e sau ai mai Sāmoa?
(When did you come from Sāmoa?)

Na 'ou sau i le tausaga lea 'ua te'a.
(I came last year.)

(O) E fia ou tausaga?
(How old are you?)

E iva.
(Nine.)

(U) Sā 'e ā'oga i Sāmoa?
(Did you go to school in Sāmoa?)

'Ioe.
(Yes)

(F) 'O le ā le vasega na gata ai lau ā'oga?
(What class did you last attend?)

'O le vasega tolu lāiti.
(Primer three.)

(G) 'O ai tou te nonofo?
(Who do you live with?)

'O lo'u tamā ma lo'u tinā.
(My father and my mother.)

Alternative response to:

(I) 'O anafea na tou taunu'u mai ai?
(When did you [plural] arrive?)

Na mātou taunu'u mai i le tausaga nei.
(We arrived this year.)

(O) 'O le ā lou matua?
(How old are you?)

'Ua iva o'u tausaga.
(I am nine years old.)

2. Dialogue / Talanoga

Pule / Employer

(A) 'O fea sā 'e iai ananafi?
(Where were you yesterday?)

(E) 'E tatau ona 'e telefoni mai pe'ā 'e toe
tia'i gāluega.
(You must ring if you are going to stay
away from work.)

(I) 'Ia, 'ua lelei 'ae 'aua ne'i toe galo.
(Well, that's alright, but don't forget
next time.)

Tagata faigāluega / Employee

Malie. Sā 'ou alu 'i le maliu.
(Sorry. I went to a funeral.)

'Ia, malie sā leai se taimi avanoa.
(Sorry, but I couldn't find any spare time.)

Fa'afetai lava. 'Ole'ā lē galo.
(Thank you. I won't forget.)

Alternative response to:

(A) 'Aiseā na 'e lē faigāluega ai ananafi?
(Why didn't you come to work
yesterday?)

(E) 'E sā 'ona 'e tia'i gāluega e aunoa ma le
vili mai.
(You are not allowed to stay away from
work without ringing up.)

'Auā sā 'ou ma'i.
(Because I was sick.)

'Ia, 'ua lelei. 'Ole'ā 'ou manatua.
(Alright, I will remember.)

3. Dialogue / Talanoga

Fōma'i / Doctor

(A) 'O le ā lou ma'i?
(What is your complaint?)

(E) Na 'āmata anafea?
(When did it start?)

(I) 'O fea tonu le mea e tīgā?
(Where exactly is it sore?)

(O) Tatala fa'amau o lou 'ofutino se'i
fa'alogo 'oe.
(Undo your shirt button so I can
listen to your chest.)

(U) Leai.

(F) 'Ia, inu au fuālā'au nei i aso 'uma se'i
o'o ina 'e toe mālosi.
(Take these tablets each day until you
feel better.)

Tagata ma'i / Patient

'O le ulu niniva.
(It's a headache.)

Na oso anapō.
(It started last night.)

'O lo'u muāulu.
(My forehead.)

'E 'ave'ese 'ātoa lo'u 'ofutino?
(Do you want my shirt right off?)

Fa'afetai tele.
(Thank you very much.)

4. Dialogue / Talanoaga

At the dining table / ʻI le laulau ʻai

(A)   ʻE te fia ʻai?

(Are you hungry?)

ʻIoe, faʻamolemole.

(Yes please.)

(E)   ʻO le ā le mea ʻe te fia ʻai ai?

(What would you like to eat?)

ʻOu te fia ʻai moa, faʻi, talo, sapasui ma sina iʻa.

(I would like some chicken, banana, taro, chop suey, and some fish.)

(I)   ʻE te manaʻo ʻi se pīsupo?

(Do you want some corned beef?)

Leai faʻafetai.

(No thank you.)

(O)   ʻAe ā se fasi puaʻa?

(What about a piece of pork?)

Sina mea laʻitiiti.

(Just a little bit.)

(U)

Mānaia tele le kuka.

(Very nice cooking/food.)

(F)   Faʻafetai foʻi le taumafa.

(Thank you also for partaking/eating.)

Ili/fans and siapo

[at the end of the meal]

(G)   Faʻafetai le fai meaʻai.
                                            (Thank you for the meal.)

(L)   Faʻafetai foʻi le taumafa.
       (Thank you also for eating.)

(M)   E ʻavatu se kofe?   ʻĪ faʻamolemole.
       (Shall you have some coffee?)   (Yes please.)
                                            Leai se susu.
                                            (No milk.)

(N)   ʻAe ā se suka?   Leai faʻafetai.
       (How about some sugar?)   (No thank you.)

Vocabulary

fai le lotu	say grace	suka	sugar
meaʻai	food	māsima	salt
ipu māfolafola	plate	sosi	sauce
sipuni	spoons	aniani	onion
naifī	knife	fasipovi	meat (beef, steak, etc.)
tui	fork	faʻi	banana
iputī	cup	talo	taro
sapasui	chop suey	supo	soup
kofe	coffee	puaʻa	pork
moa	chicken	iʻa	fish
palusami	cooked taro leaves	pīsupo	corned beef

5. Dialogue / Talanoaga

Telephone conversations / Talanoaga i le telefoni

ʻATA: Ioane, ʻe te iloa le nūmera o le telefoni a Gaulua?
           (Ioane, do you know the telephone number for Gaulua?)

IOANE: Leai. Masalo e iloa e Siaki.
           (No. I think Siaki knows.)

ʻATA: Siaki, faʻamolemole ʻe te iloa le nūmera o le telefoni a Gaulua?
           (Siaki, do you know the number for Gaulua please?)

SIAKI: ʻO le 232 1075.
           (It's 232 1075.)

ʻATA: [*vili loa le telefoni*]
           [*dials the telephone*]

'ATA: Tālofa. Fa'amolemole, 'o i'inā Gaulua?
           (Hello. Is Gaulua there please?)

(LEO):   'Onosa'i mai fa'amolemole.
           (Be patient [One moment] please.)

GAULUA: Tālofa. 'O Gaulua lea.
           (Hi. This is Gaulua.)

'ATA: 'E te alu 'i le ta'aloga lakapī?
           (Are you going to the rugby match?)

GAULUA: 'Ī. Tā te ō?
           (Yes. We two are going?)

'ATA: 'Ua iai ni pepa?
           (Are there any tickets?)

GAULUA: 'A ia na fa'atau ananafi.
           (They're here (as) they were bought yesterday.)

'ATA: Tā fetaui lā i luma o le faitoto'a o le malae lakapī?
           (Shall we meet in front of the gate of the rugby grounds?)

GAULUA: Mānaia lenā tonu.
           (That's a good decision [idea].)

'ATA: 'Ia feiloa'i, tōfā.
           (Well, we'll meet then, bye.)

GAULUA: Fā.
           (Bye.)

6. Dialogue / Talanoaga
Finding out information I / Fiamālamalama I

IOASA: Tālofa lava. 'O ai lou suafa?
           (Greetings. What is your name?)

MOASEGI: 'O Moasegi.
           (It's Moasegi.)

IOASA: 'E te nofo i fea?
           (Where do you live?)

MOASEGI: I Anaheim.
           (In Anaheim.)

IOASA: 'E te faigāluega pē leai?
           (Do you work or not?)

MOASEGI: Leai, fa'ato'ā 'ou sau mai Niu Sila.
           (No, I have only just arrived from New Zealand.)

IOASA: 'Oi na 'e sau anafea?

(Oh, when did you arrive?)

MOASEGI: Fa'ato'ā lua nei o'u vaiaso.

(I've only been here for two weeks.)

IOASA: Tālofa e, 'o ai lā 'e te nofo ai?

(Oh poor thing, who do you stay with?)

MOASEGI: 'O le 'āiga o lo'u tinā.

(It's the family of my mother [My mother's family].)

IOASA: E to'afia tagata i le tou 'āiga?

(How many people in your family?)

MOASEGI: E lē to'atele. Na'o le to'afā.

(There are not many. Only four.)

7. Dialogue / Talanoaga

Finding out information II / Fiamālamalama II

PITOLUA: 'O fea le nu'u o 'Amelika 'e te nofo ai?

(Which city of America do you live in?)

SEMO: 'O Los Angeles.

(Los Angeles.)

PITOLUA: 'O tou nonofo ma ou mātua?

(Do you live with your parents?)

SEMO: 'Ioe.

(Yes.)

PITOLUA: 'O faigāluega ā lou tamā?

(Is your father still working?)

SEMO: 'Ī, 'ae fa'amālōlō iā Tesema i le tausaga nei.

(Yes, but he is retiring in December this year.)

PITOLUA: 'Ae ā si ou tinā, e faigāluega?

(How about your mother, does she work?)

SEMO: E lē faigāluega.

(She doesn't work.)

PITOLUA: E to'afia ou uso ma ou tuafāfine?

(How many brothers and sisters do you have?)

SEMO: E to'atasi lo'u uso 'ae to'alua o'u tuafāfine.

(I have one brother and two sisters.)

PITOLUA: E fia ou tausaga?

(How old are you?)

SEMO: 'Ua luasefulu lima.
           (I'm twenty-five.)

8. Dialogue / Talanoaga
At the restaurant / I le fale'aiga

MELE: 'E te mana'o 'i le lisi o mea'ai?
           (Do you want the list of food [menu]?)

SINA: 'Ī fa'amolemole.
           (Yes please.)

           [*lima mīnute e soso'o ai*]
           [*five minutes later*]

MELE: 'Ua sāuni lau 'oka?
           (Is your order ready?)

SINA: 'Ī. 'Ou te mana'o i se hamupeka, ma ni fasipateta falai, ma ni fasimoa se lua
           fa'amolemole.
           (Yes. I'd like a hamburger, and some fried potatoes (chips), and two pieces of
           chicken please.)

MELE: Malie, 'ua 'uma moa, 'ae 'olo'o totoe i'a falai.
           (Sorry, the chicken is finished, but there is fried fish left.)

SINA: 'Aumai lā ni i'a se lua fa'amolemole.
           (Bring two fish then please.)

MELE: E mana'omia se meainu?
           (Do you want a drink?)

SINA: 'Aumai se fagu ku'ava fa'afetai.
           (Bring a bottle of guava drink thanks.)

9. Dialogue / Talanoaga
Showing directions / Fa'asinoala

LUALUA: Fa'amolemole, 'o Ueligitone lenei?
           (Please, is this Wellington?)

MATAIO: 'Ioe. E iai se mea 'e te mana'o ai?
           (Yes. Is there anything that you want?)

LUALUA: 'O fea e iai le falefaitautusi?
           (Where is the library?)

MATAIO: E tū i tafatafa o le Michael Fowler Centre.

(It stands next to the Michael Fowler Centre.)

LUALUA: 'O fea le maota lenā?

(Where is that [respected] building located?)

MATAIO: E i le itū i mātū o le 'auala o Wakefield Street, nūmera 102–116.

(It's on the northern side of Wakefield Street, number 102–116.)

LUALUA: E latalata mai?

(Is it close by?)

MATAIO: E lē mamao tele.

(It's not too far away.)

LUALUA: E mafai ona 'ou savali 'i ai?

(Can I walk to it?)

MATAIO: 'Ioe. Pē tusa ma le lima mīnute le savali 'i ai.

(Yes. It's about a five minute walk to it.)

LUALUA: So'u alu. Tōfā.

(Well, I'll be going then. Bye.)

MATAIO: Tōfā soifua.

(Good bye.)

10. Dialogue / Talanoaga

Looking for a taxi / Su'e se ta'avale la'u pāsese.

IOSEFA: E fia le pāsese 'i le falema'i fa'amolemole?

(How much is the fare to the hospital please?)

SIAOSI: E fā tālā limasefulu sene.

(It's four dollars and fifty cents.)

IOSEFA: 'O anafea na si'i ai?

(When did it go up?)

SIAOSI: 'Ua fai si leva. 'Ae mafai ona 'ave 'oe i le tolu tālā.

(A while ago. But I can take you for three dollars.)

IOSEFA: Tā ō lā.

(Let's go then.)

[*'a'o alu le ta'avale*]

[*while car is on the way*]

IOSEFA: Mālō le fa'auli!

(Well done for the [good and safe] driving!)

SIAOSI: Mālō fo'i le tapua'i.
               (Well done for your prayerful thoughts.)
IOSEFA: Fa'afetai lava i lau susuga.
               (Thank you very much [to your dignified self].)
SIAOSI: Fa'afetai fo'i. Manuia le aso.
               (Thank you also. May your day be blessed [have a nice day].)
IOSEFA: Fa'afetai, manuia fo'i le aso.
               (Thank you, same to you.)

Fu'a o le sa'olotoga—Samoan flag

LESONA 30

Songs, Rhymes, Riddles, Puzzles

The use of song, rhyme, and rhythm provide a natural dimension to the learning process. The repetition of the words, the beat, and the sound embrace the wider culture. Samoan songs reflect Samoan society. Ranging from historical to fun songs, traditional to modern, they describe a culture that is full of fun, seriousness, mirth, spiritiuality, etc.

Join in with a friend, or accompanied by the CD, as we learn some traditional and popular Samoan songs.

 Songs

1. O le tatau

This song is a mythological account of the reason why Samoan men, and not women, are tattooed.

'O le māfua'aga lenei na iloa,	This is the known reason,
o le tāga o tatau i Sāmoa.	why tattooing is done in Sāmoa.
'O le malaga a teine e to'alua,	The journey of two sisters,
Na fe'ausi mai Fiti i le vasaloloa,	Who swam the ocean from Fiji.
Na lā 'aumai ai o le 'ato au.	They brought with them a basket of tattooing utensils,
Ma si a lā pese e tūtūmau:	And a song that they kept repeating:
Fai mai e tatā o fafine.	It said that only women are tattooed.
'Ae lē tatā o tāne!	And men are not!
'O le ala 'ua tatā ai tāne,	The reason why men are tattooed,
Ona 'ua sesē si a lā pese.	Is that the sisters sang their song incorrectly.
Taunu'u 'i gatai o Falealupo,	When they reached the coastal waters of Falealupo,
'Ua va'aia ai o se faisua telē.	They saw a huge clam.
Totofu loa 'o fafine,	They dived for it—and when they came up,
ma 'ua sui ai si a lā pese:	their song had changed.
Fai mai e tatā o tāne,	It said that men got tattooed,
'Ae lē tatā o fafine!	While women did not!

125

Silasila i le tama 'ua ta'atia,
'O le tufuga lea 'ua 'āmatalia.
Tālofa, e 'ua aueuē,
I le 'ote'ote solo a le 'autapulu telē.
Sole, sole 'ia 'e loto telē.
'O le ta'aloga fa'atamatane
E ui lava ina tigā tele
'ae mulimuliane 'ua 'e fefete.

I atunu'u 'uma o le Pasefika,
E sili Sāmoa le ta'uta'ua!
'O se soga'imiti 'ua savalivali mai,
'Ae fepulafi mai ana fa'a'ila:
'O 'aso fa'aifo, fa'amuliali'ao;
Fa'aatualoa, selu, fa'alaufao;
'O le sigano, fa'apea fa'aulutao,
E sili i le vasalaolao!

Look at the young man lying down,
As the tattooist begins (his task).
Oh pity the young man as he screams,
By the stinging bite of the '*autapulu*'s teeth,
Young man, young man, be brave,
It is a man's game.
Although it is very painful,
Yet afterwards, you will be proud of it.

Of all the Pacific islands,
Sāmoa is well known (for its tattooing).
The young tattooed male walking by,
As his tattoo decorations glisten;
The '*aso* and the *ali'ao* designs,
The centipede, comb, and the spear
head shapes,
All are very, very attractive!

Faiā'oga iunivesitē—university lecturer

2. Tautalatala

This bilingual song is self-explanatory; the easy-to-follow tune makes it a popular song with learners.

Tautalatala means too much talk,
Sāvalivali means go for a walk,
Alofa 'iā te 'oe means I love you,
Take it easy *fai fai lēmū.*

Teine mānaia means pretty girl,
Ta'amilomilo means round and round,
Whisper to me means *musumusu mai,*
Oh my, oh my, oh my.

Ti'eti'e ta'avale means go for a ride,
Leai 'o se tupu means no more money,
Stay at home means *nofo i le fale,*
Much trouble *tele fa'alavelave.*

3. Fale'ula e

Many Samoan songs have traditional and historical messages. This song reflects the people's concerns regarding the government of the day. The tune is chant-like.

Fale'ula Fale'ula e ō maiā
Ō maiā, ō mai tatou ō
Se'i tatou, se'i tatou fa'alogo
I 'upu, i 'upu o le mālō
'O lo 'ua taufālō.

Fale'ula, Fale'ula come
Come come let us go
Let us listen, let us listen
To the word of the government
Which pulls this way and that.

[*repeat from the beginning three or four times*]

4. Sāmoa Silasila

One of the most popular (and perhaps traditional) Samoan love songs expresses love for one's beloved, but also for Sāmoa itself.

Sāmoa silasila
Usi le fa'afofoga
Se'i lagi la'u pese
Pese o mo'omo'oga
Pese fa'amavae, 'ua nuti lo'u fatu
'Ua ta'e la'u ipu, talu le tu'inanau.

Sāmoa behold
Listen (in respectful terms)
While I sing my song
A song of admiration (perhaps desire?)
A song of farewell, my heart is broken
My cup is broken because of desire.

(Tali)
Sau funa la'u pele
Tu'u mai lou lima
Tā fa'atālofa, tā lūlūlima
Tōfā soifua, 'ole'ā fo'i 'ita
E mamao Sāmoa ma si o'u 'āiga.

(Chorus)
Come my dear (darling, etc.)
Give me your hand
Let us say hello, let us say goodbye
Farewell, I will return
Sāmoa is far away, and so is my family (home).

Rhymes

'O le gāpiā

Sau mai ga'utā	I came from inland
'O tautau atu pe'a e fā	And saw four hanging flying foxes
'O le pe'a a lo'u tamā	One for my father
Ma le pe'a a lo'u tinā	And one for my mother
Tu'u pe'a e fā	Leave the four flying foxes
E fa'alava ai le gāpiā ...	To supplement my home-coming present...
'Ia'iā 'Ia'iā! ...	Ready! Ready!...

(E māsani ona pepese ai tamaiti ma tu'i vae o toea'i'ina ma 'olomātutua.) (This rhyme is often used by children when they massage—by gentle hitting—grandparents' legs. The speed alternates from slow to fast.)

Moa uli moa sina

'Oi moa e,	Hey chicken,
Na 'ou sau nei 'ou te	I came to find a match,
fa'ataumoa!	for my chicken (rooster?)
Moa uli!	Black chicken!
Moa sina!	White chicken!
'O le moa 'ua ita 'i le fia	The chicken that is angry (and
fa'amisa!	ready) to fight.

Riddles

These riddles are based on Samoan life and culture and may have more than one correct answer. Test your wider language skills by translating English riddles into Samoan, or even by making up your own.

1. 'O ā a'a o lā'au e leai ni i'u?
   What kind of roots do not have an end?

2. 'O le mea e lāpotopoto i le ao, 'ae māfolafola i le pō.
   The thing that is round during the day and flat during the night.

3. 'O le toea'ina e tū ma lana fa'afafa.
   The old man that stands with a load on his back.

4. 'O le tagata e sau mai uta i le vao puanea ma o'o lava 'i tai i le moana sausau.
   The person who comes from the forest and goes all the way to the ocean.

5. 'O le mea e pa'e'e i le ao 'ae puta i le pō.
   The thing that is skinny during the day and fat during the night.

6. 'O le ā le mea e fā ona pou ma lona taualuga malō?
   What has four posts and a hard roof?

7. 'O le 'auuso e to'afā 'olo'o tauamo pea lo lātou tamā.
   There are four brothers who are always carrying their father.

8. 'O le va'a 'olo'o tafea i le sami 'ena'ena.
   The boat that floats on brown sea.

9. 'O le ā le manu e lē fa'asaga 'i le lagi se'iloga 'ua mate?
   What animal doesn't look up to the sky until the day it dies?

Crossword Puzzles

The clues for these puzzles are in English; answers are to be in Samoan.

Note: A letter in a square could be a glottal stop.

SAMOAN PUZZLE 1

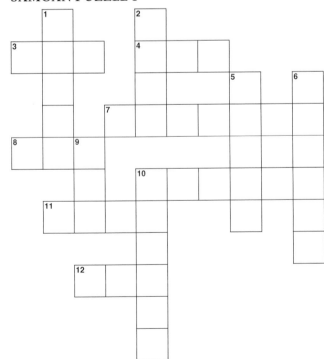

ACROSS

3. Chicken
4. Go (singular)
7. Fast; quickly
8. Here; this
10. Walk (singular)
11. Sea
12. Come (singular)

DOWN

1. Sleep (plural)
2. Boy
5. Tomorrow; morning
6. Woman
9. To kick
10. Spoon

SAMOAN PUZZLE 2

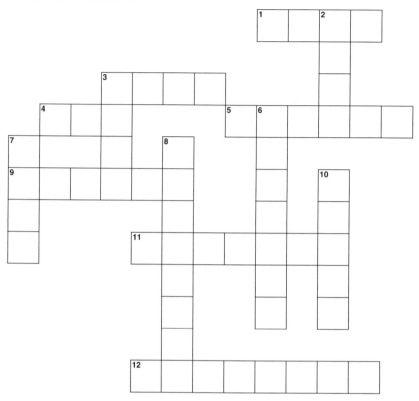

ACROSS

1. Punishment
3. Blood
4. Team
5. Ear(s)
9. Arrangement
11. Speak; talk
12. Soil; earth

DOWN

2. Wooden gong
3. Book; write
6. Yesterday
7. Take
8. Car
10. Push

LESONA 31

Revision

EXERCISE 144

Translate the following

1. Take the money, Pita.

2. Siaosi, bring the knife.

3. Mele, please bring the chair to Toma.

4. Take the cup to Sina.

5. Ioane, bring the car, please.

EXERCISE 145

Translate the following

1. Meleane, 'ave le pepa ma le peni 'iā Siaki.

2. 'Aumai le iputī ma le naifi fa'amolemole.

3. Siaki, 'ave le penitala ma le 'ato 'iā Sione.

4. Eseta, 'aumai le laulau ma le nofoa fa'amolemole.

5. Semi, 'e te alu 'i fea?

EXERCISE 146

Translate / Fa'aliliu

1. This is Jim's old car.

2. That table (near listener) is a new table.

3. This is a dog.

4. Bring the horse, please.

5. Put the watch on the table.

Faʻatau ʻoloa—shopkeeper

EXERCISE 147

Write the plural for the following

1. ʻO le taʻavale fou.
2. ʻAve le suō ʻiā Toma.
3. ʻO ai le igoa o le tama?
4. ʻO le fale lenei o aʻu.
5. Tuʻu le pulumu ʻi totonu o ʻapa.

EXERCISE 148
Name the following objects in Samoan

1. book
2. tree
3. house
4. pen
5. table

6. horse
7. car
8. hammer
9. bucket
10. chair

EXERCISE 149
Give an appropriate question or reply for the following

1. 'E te afio 'i fea?
2. 'O lo'u igoa 'o Ioane.
3. Manuia lava fa'afetai.
4. Tālofa Mele.
5. 'Ioe, fa'amolemole.

EXERCISE 150
Write in Samoan

1. What is your name?
2. Hello John, how are you?
3. Fine thank you Jim, and you?
4. Where are you going?
5. I'm going to the shop.
6. Goodbye.
7. Bring the car please.
8. Take the bag and the book.
9. What is this?
10. What is that? (close to listener)
11. Bring that thing.
12. Put the book on the table.

EXERCISE 151

Write in English

1. 'Ave le nofoa 'i le potu.

2. Sione, 'aumai le laulau fa'amolemole.

3. Ioane, tu'u le pulumu 'i totonu o le umukuka.

4. 'Ave le 'ili laupapa 'iā Simi.

5. 'Aumai le suō tipi ma le sāmala.

EXERCISE 152

Translate into Samoan

1. I'm going home tomorrow.

2. Please take that chair to Sione.

3. Is that your car?

4. Where do you live?

5. What are these things?

EXERCISE 153

Translate into English

1. 'O le tama lā e i fafo.

2. 'O Ioane lā e i le ā'oga.

3. 'O le fale'oloa lelā o Ah Chong.

4. E fia tusi nā?

5. E lua afe limaselau tālā.

EXERCISE 154

Write the Samoan words for these numbers

1. 67

2. 1,111

3. 7,671

4. 12,310

5. 1,000,602

EXERCISE 155

Write the days of the week in Samoan

1. Monday

2. Tuesday

3. Wednesday

4. Thursday

5. Friday

6. Saturday

7. Sunday

EXERCISE 156

Translate into English

1. 'O le Aso Gafua lenei.

2. 'O le aso fia ananafi?

3. 'O le Aso Lulu ananafi?

4. 'O le aso fia taeao?

5. 'O le Aso Sā taeao.

Answers

EXERCISE 1

1. 'O le lā'au lenā ('o lenā lā'au); 'o lā'au nā ('o nā la'au).
2. 'O le tusi lenā ('o lenā tusi); 'o tusi nā ('o nā tusi).
3. 'O le pepe lenā ('o lenā pepe); 'o pepe nā ('o nā pepe).
4. 'O le pasi lenā ('o lenā pasi); 'o pasi nā ('o nā pasi).
5. 'O le tamāloa lenā ('o lenā tamāloa); 'o tamāloloa nā ('o nā tamāloloa).
6. 'O le ā'oga lenā ('o lenā ā'oga); 'o ā'oga nā ('o nā ā'oga).
7. 'O le tamaitiiti lenā ('o lenā tamaitiiti); 'o tamaiti nā ('o nā tamaiti).
8. 'O le teine lenā ('o lenā teine); 'o teine nā ('o nā teine).
9. 'O le falesā lenā ('o lenā falesā); 'o falesā nā ('o nā falesā).
10. 'O le faiā'oga lenā ('o lenā faiā'oga); 'o faiā'oga nā ('o nā faiā'oga).

EXERCISE 2

1. 'O nei tama.
2. 'O nei 'ato.
3. 'O nei igoa.
4. 'O nā laulau.
5. 'O nā fale.
6. 'O nā fafine.
7. 'O nā tusi.
8. 'O lā fōma'i.
9. 'O ia (nei) ta'avale.
10. 'O ia (nei) falema'i.

EXERCISE 3

1. 'O le tamāloa lale/lelā ('o lelā/lale tamāloa); 'o tamāloloa lā ('o lā tamāloloa).
2. 'O le fale lale/lelā ('o lelā/lale fale); 'o fale lā ('o lā fale).
3. 'O le lā'au lale/lelā ('o lale/lelā lā'au); 'o lā'au lā ('o lā lā'au).
4. 'O le falesā lale/lelā ('o lale/lelā falesā); 'o falesā lā ('o lā falesā).
5. 'O le tusi lale/lelā ('o lale/lelā tusi); 'o tusi lā ('o lā laulau).
6. 'O le laulau lale/lelā ('o lale/lelā laulau); 'o laulau lā ('o lā laulau).
7. 'O le tama lale/lelā ('o lale/lelā tama); 'o tama lā ('o lā tama).
8. 'O le pasi lale/lelā ('o lale/lelā pasi); 'o pasi lā ('o lā pasi).
9. 'O le fafine lale/lelā ('o lale/lelā fafine); 'o fafine lā ('o lā fafine).
10 'O le ā'oga lale/lelā ('o lale/lelā ā'oga); 'o ā'oga lā ('o lā ā'oga).

EXERCISE 4

1. 'O ta'avale.
2. 'O laulau.
3. 'O 'ato ma tusi.
4. 'O mōlī ma fale.
5. 'O tama ma teine.
6. 'O lā'au ma 'auala.
7. 'O 'ato a Ioane.
8. 'O tusi a Mele.
9. 'O se'evae o Simi.
10. 'O ta'avale a Pita.

EXERCISE 5

1. 'O nei mea 'o 'ato.
2. 'O nā mea 'o 'apu.
3. 'O lā mea 'o ta'avale.
4. 'O pasi lā mea.
5. 'O va'alele lā mea.
6. 'O peni nei.
7. 'O 'ato nā.
8. 'O 'ofu nā.
9. 'O nei tusi.
10. 'O nā laulau.

EXERCISE 6

1. 'O le ā lenei mea?   —   'O le tusi.
2. 'O le ā lenā mea?   —   'O le 'ato.
3. 'O le ā lelā mea?   —   'O le pusi.
4. 'O ā nei mea?   —   'O tusi.
5. 'O ā nā mea?   —   'O 'ato.
6. 'O ā lā mea?   —   'O pusi.
7. 'O le ā lenei mea?   —   'O le lā'au lenā mea.
8. 'O le ā lelā mea?   —   'O le fale'oloa lelā mea.
9. 'O le ā lale mea?   —   'O le laulau lelā mea.
10. 'O ā nei mea?   —   'O fale mea nā.
11. 'O ā lā mea?   —   'O ta'avale lā mea.
12. 'O ā mea lā?   —   'O 'upu mea lā.

EXERCISE 7

1. the man
2. a hospital
3. the baby
4. the cat
5. a friend
6. teachers
7. girls
8. people
9. post offices
10. churches

EXERCISE 8

1. 'o ta'avale
2. 'o laulau
3. 'o tusi
4. 'o fale
5. 'o tama
6. 'o lā'au
7. 'o 'ato
8. 'o peni
9. 'o ta'avale a Pita

EXERCISE 9

1. 'O uati mea nei ('O nei mea 'o uati).
2. 'O laulau mea nā ('O nā mea 'o laulau).
3. 'O nofoa mea lā ('O lā mea 'o nofoa).
4. 'O ā mea nei? ('O ā nei mea?)
5. 'O ā mea nā? ('O ā nā mea?)
6. 'O ā mea lā? ('O ā lā mea?)
7. 'O tusi mea nei ('O nei mea 'o tusi).
8. 'O peni mea nā/lā ('O peni nā/lā mea).

EXERCISE 10

1. These are pens.
2. Those are bags.
3. Those are cars.
4. What are these?
5. What are those? (far away)
6. What are those? (close to listener)

EXERCISE 11

1. 'O le fafine.
2. 'O le mōlī.
3. 'O le pasi.
4. 'O le laulau.
5. 'O le igoa.
6. 'O le ā'oga.
7. 'O le pō.
8. 'O le 'upu.
9. 'O le gāluega.
10. 'O le ta'avale.

EXERCISE 12

1. 'O le falema'i.
2. 'O le 'a'ai.
3. 'O le tagata.
4. Uō.
5. 'O se ta'avale.
6. 'O se faiā'oga.
7. 'O se pasi.
8. 'O ni fale.
9. 'O ni tagata.
10. 'O se tusi.

EXERCISE 13

1. 'O ta'avale.
2. 'O laulau.
3. 'O 'ato ma tusi.
4. 'O mōlī ma fale.
5. 'O tama ma teine.
6. 'O lā'au ma 'auala.
7. 'O 'ato a Ioane.
8. 'O tusi a Mele.
9. 'O se'evae o Simi.
10. 'O ta'avale a Pita.

EXERCISE 14

1. 'O nei mea 'o 'ato.
2. 'O nā mea 'o 'apu.
3. 'O lā mea 'o ta'avale.
4. 'O pasi lā mea.
5. 'O va'alele lā mea.
6. 'O peni nei a Ioane.
7. 'O 'ato nā a Miliama.
8. 'O 'ofu lā o Pita.
9. 'O nei tusi 'o tusi a Sina.
10. 'O nā laulau 'o laulau a Petelo.

EXERCISE 15

1. 'O 'ato *nā* a Ioane.
2. 'O tusi *ia* a Mele.
3. 'O pepa *lā* a Pita.

EXERCISE 16

1. 'O ā lā mea? ('O ā mea lā?)
2. 'O ā nei mea? ('O ā mea nei?)
3. 'O ta'avale mea nei/ia. ('O mea nei/ia 'o ta'avale.)
4. 'O peni mea nā. ('O nā mea 'o peni.)
5. 'O uati mea nei/ia. ('O nei/ia mea 'o uati.)
6. 'O tusi mea lā. ('O lā mea 'o tusi.)

EXERCISE 17

1. These are cars.
2. Those are books.
3. These are watches.
4. Those are houses.
5. These are trees.
6. These are children.

EXERCISE 18

1. 'O laulau *ia* a Viliamu.
2. 'O tupe *nā* a 'Eta.
3. 'O peni *lā* a Mataio.

EXERCISE 19

1. 'O le uati lenei/lea mea. ('O lenei/lea mea 'o le uati.)
2. 'O le lā'au lenā mea. ('O lenā mea 'o le lā'au.)
3. 'O le nofoa lelā mea. ('O lelā mea 'o le nofoa.)
4. 'O le peni lenei/lea mea. ('O lenei/lea mea 'o le peni.)
5. 'O le ta'avale lelā/lale mea. ('O lelā/lale mea 'o le ta'avale.)

EXERCISE 20

1. It is not a car.
2. It is not a house.
3. It is not a book/letter.
4. It is not a table.
5. It is not a chair.

EXERCISE 21

1. E lē 'o se tamāloa.
2. E lē 'o se pasi.
3. E lē 'o se penitala.
4. E lē 'o se mōlī.
5. E lē 'o se faitoto'a.

EXERCISE 22

1. Leai, e lē 'o ni tama.
2. Leai, e lē 'o ni 'ato.
3. Leai, e lē 'o ni tusi.
4. Leai, e lē 'o ni uati.
5. Leai, e lē 'o ni fale'oloa.

EXERCISE 23

1. 'Ioe, 'o le falaoa lenei.
2. 'Ioe, 'o le laulau lenā.
3. 'Ioe, 'o le 'ato lelā/lale.
4. Leai, e lē 'o se va'alele lelā.
5. Leai, e lē 'o se fale lenei.

EXERCISE 24
1. Leai, e lē 'o se pusi lea.
2. Leai, e lē 'o se falemeli lale.
3. Leai, e lē 'o se 'ato.
4. Leai, e lē 'o ta'avale nei.
5. Leai, e lē 'o mōlī nei.

EXERCISE 25
1. 'Ioe, 'o le falaoa.
2. 'Ioe, 'o le 'ato lenā.
3. 'Ioe, 'o le tamāloa.
4. 'Ioe, 'o tagata.
5. 'Ioe, 'o le faleā'oga lelā.

EXERCISE 26
1. solofanua saosaoa
2. tama ulavale
3. tusi 'ena'ena
4. va'alele lāpo'a
5. tama fiafia
6. solofanua 'ena'ena
7. tamaitiiti ulavale
8. va'alele saosaoa
9. tamaitiiti lāpo'a
10. tusi lāpo'a

EXERCISE 27
1. 'O le tusi 'ena'ena.
2. 'O le va'alele saosaoa.
3. 'O le solofanua lāpo'a.
4. 'O le tama fiafia / ulavale.
5. 'O le tamaitiiti ulavale / fiafia.

EXERCISE 28
1. Mele, sit down.
2. Pita, come.
3. Ioane, bring the hat.
4. Seleni, take the chair.
5. Peta, walk.
6. Tavita, turn the light off.
7. Fetu, put the ball on the table.
8. Siaki, listen.
9. Malia, run.
10. Ane, cut the bread.

EXERCISE 29
1. 'Aumai le laulau.
2. 'Ave le nofoa.
3. Nofo 'i lalo.
4. Tū 'i luga.
5. Tu'u le tusi i luga o le laulau.
6. Tamo'e 'i le fale.
7. Tu'u le pepe 'i lalo.
8. Fa'alogo 'i le faiā'oga.
9. Tipi le falaoa, fa'amolemole.
10. Togi le polo.

EXERCISE 30
1. (b)
2. (d)
3. (a)
4. (c)

EXERCISE 31

1. Tu'u le falaoa i luga o le laulau.
2. 'Ave le penitala i le pusa.
3. Togi le polo i totonu o le pusa.
4. Tu'u le tupe i totonu o le teutusi.
5. 'Aumai le penitala iā Ioane.
6. 'Ave le polo iā Ioane.
7. Togi le penitala i luga o le laulau.
8. Tipi le falaoa i luga o le laulau.
9. Tu'u le tupe i lalo o le teutusi.
10. 'Aumai le falaoa iā Ioane.

EXERCISE 32

1. Fa'amolemole tu'u le tusi i totonu o le 'ato.
2. Siaosi, togi le polo 'i lalo o le fale.
3. 'Aumai le nofoa iā Toma.
4. 'Ave le tupe 'i le pule ā'oga.
5. Ioane, tipi le falaoa i luga o le laulau.
6. Tu'u le peni i luga o le laulau.
7. Sina, 'aumai le pūlou iā Ioane, fa'amolemole.
8. Nofo i le fale.
9. Tamo'e iā Lagi.
10. Fa'alogo iā Mataio.

EXERCISE 33

1. 'O fea le tusi, Ioane?
2. 'O lā e i totonu o le 'ato.
3. 'O lā e i totonu o le potu.
4. 'O le lā'au lā e i luma o le fale.
5. 'O Pita lā e i tua o le pasi.

EXERCISE 34

1. Who is inside the house?
2. Ioane is in front of the car.
3. The pen is outside the cup.
4. Mele and Sina are under the tree.
5. The money is inside the bag.
6. The car is in the garage.
7. Put that bag (near you) inside the room.
8. The bread is on the table.
9. The boy is at school.
10. The teacher is in the room.

EXERCISE 35

1. How many trees?
2. How many cars?
3. How may houses?
4. How many bags?
5. How many books?
6. There are six pens.
7. There are twenty cups.
8. There are a hundred horses.
9. There are thirty chickens.
10. There are fifteen buses.

EXERCISE 36

sefulufitu
luasefulu fitu
tolusefulu
onosefulu
selau ma le lua
limaselau onosefulu
tasi le afe
sefuluafe ma le tasi
lua

EXERCISE 37

15; 37; 62; 170; 140; 1050; 10,000; 30,000; 1080

EXERCISE 38
1. How many boys? (youth)
2. How many girls? (youth)
3. How many pastors?
4. How many girls? (child)
5. How many boys? How many children?
6. There are nine men.
7. There are seventy women.
8. There are one thousand people.
9. There are forty fathers.
10. There are twenty mothers.

EXERCISE 39
1. E fia pasi?
2. E luasefulu pasi.
3. E fia lā'au?
4. E tolusefulu lā'au.
5. E to'afia tagata?
6. E to'afitusefulu lua tagata.
7. E to'afia faiā'oga i le ā'oga?
8. E to'avalusefulu lima faiā'oga.
9. E fia nofoa?
10. E ono nofoa.

EXERCISE 40
Self-corrected.

EXERCISE 41
1. What is that? (close to listener)
2. What is that? (away from both listener and speaker)
3. What are these?
4. This is a car.
5. Those are men.
6. That house. (close to listener and speaker)
7. The big table.
8. The old chairs.
9. Simi's bag.
10. Ioane's chickens.

EXERCISE 42
1. 'Ua tā le lima.
2. 'Ua sefulu mīnute e te'a ai le sefulutasi.
3. 'Ua toe luasefululima mīnute i le tolu.
4. 'Ua 'afa le sefulu.
5. 'Ua kuata e te'a ai le tasi. ('Ua sefululima mīnute e te'a ai le tasi.)

EXERCISE 43
1. 12:08   4. 1:30
2. 8:40   5. 11:15
3. 7:00

EXERCISE 44

1. 'Ua luasefululima mīnute e te'a ai le fitu.
2. 'Ua 'afa le ono.
3. 'Ua toe sefulutolu mīnute i le sefulu.
4. 'Ua toe fā mīnute i le sefulu tasi.
5. 'Ua luasefulutolu mīnute e te'a ai le tasi.

EXERCISE 45

1. E iai sau ta'avale?
2. 'Ioe, e iai.
3. E iai sou fale?
4. 'Ioe, e iai lo'u fale.
5. E fia potu moe?
6. E fā potu moe.
7. E iai se umukaka lāpo'a?
8. 'Ioe, e iai.
9. E iai se potumālōlō lāpo'a?
10. E iai se fale ta'avale lāpo'a?

EXERCISE 46

1. Have you got a garage?
2. No.
3. Has it got a big bedroom? (Is there a big bedroom?)
4. Yes, it has got a big bedroom.
5. How many dining rooms?
6. There is one dining room.
7. How many toilets?
8. There is one.
9. Is there a stove? (Has it got a stove?)
10. Yes, there is.

EXERCISE 47

1. What is today?
2. It's Wednesday.
3. What day is it tomorrow?
4. It's Monday.
5. What date?
6. It's the eighteenth.
7. What's this month?
8. It's August.
9. Tomorrow is Saturday.
10. Yesterday was Friday.

EXERCISE 48

1. 'O le ā le asō?
2. 'O le aso fia le aso ananafi?
3. 'O taeao le Aso Gafua. ('O le Aso Gafua taeao.)
4. 'O le ā le aso ananafi?
5. 'O le ā le aso taeao?

EXERCISE 49
1. What day was yesterday?
2. What was the date yesterday?
3. What day is the sixth?
4. The eighteenth is Tuesday. (Tuesday is the eighteenth.)
5. What date is Thursday?

EXERCISE 50
1. 'O le Aso Sā.
2. 'O le Aso Tofi.
3. 'O le Aso Falaile.
4. 'O le Aso Lua.
5. 'O le Aso Lua.

EXERCISE 51
1. Tavita goes to the house.
2. Simi likes the book/letter.
3. I sleep in the bed.
4. Peta loves Sene.
5. Seleni stands underneath the tree.

EXERCISE 52
1. Mele is crying.
2. Malia is dancing.
3. The dog is eating.
4. The women are working.
5. The children are playing.

EXERCISE 53
1. 'Ou te nofo i Grey Lynn.
2. Mātou te sāvavali i le ā'oga.
3. 'Ou te fiafia i 'apu.
4. Lua te ō i le fale.
5. Na te iloa 'oe.

EXERCISE 54
1. The boss was angry.
2. The cat drank.
3. The old man walked to church.
4. I stayed at home.
5. The money was lost.

EXERCISE 55
1. He/she has gone.
2. The baby is asleep. (The baby has slept.)
3. The girl is crying. (The girl has cried.)
4. Have you (3+) arrived?
5. Is it raining? (Has it rained?)

EXERCISE 56
1. 'Ole'ā nofo Pita.
2. 'Ole'ā 'ai Lisa.
3. 'Ole'ā 'ou telefoni atu.
4. 'Ole'ā 'e savali. ('Ole'ā savali 'oe.)
5. 'Ole'ā galue ia. ('Ole'ā ia galue.)

EXERCISE 57
1. E inu susu Ioane.
2. E alu Mele i le ā'oga. (E ā'oga Mele.)
3. E savali Pita i le fale.
4. E fiafia ia i le ta'avale. (Na te fiafia i le ta'avale.)
5. E alofa Feleti iā Eseta.

EXERCISE 58

1. 'Ou te galue/faigāluega i Aukilani.
2. Mātou te nonofo i Ueligitone.
3. Mā te tāmomo'e i le gāluega.
4. E ta'alo volipolo ia. (Na te ta'alo volipolo.)
5. E alu ia i le tīfaga. (Na te alu i le tīfaga.)

EXERCISE 59

1. Feleni works in the shop.
2. The teacher walks to school.
3. The boy laughs.
4. Sione goes to the bank.
5. I love you.

EXERCISE 60

1. 'Ua alu Ioane.
2. 'Ua moe Peta.
3. 'Ua tatalo Sina.
4. 'Ua mātou pepese.
5. 'Ua lātou gālulue.

EXERCISE 61

1. Iosua and Tavita have eaten.
2. The bird has flown.
3. The baby has stood.
4. The boy has laughed.
5. The girls have danced.

EXERCISE 62

1. Siaki is eating.
2. The girl is sleeping.
3. Pili is writing.
4. Peni is going to church.
5. The men are drinking.

EXERCISE 63

1. 'Olo'o mū le fale.
2. 'Olo'o tusitusi le tama.
3. 'Olo'o 'ata Ioane.
4. 'Olo'o tatalo le faife'au.
5. 'Olo'o o'u 'ai. ('Olo'o 'ai a'u.)

EXERCISE 64

1. He/she ran.
2. They ate.
3. The baby cried.
4. The boy sat/rode in the car.
5. The children sang.

EXERCISE 65

1. Na/sā 'ou alu ananafi.
2. Na/sā 'ai e John le keke.
3. Na/sā sau Ioane i le pasi.
4. Na/sā tū ia i tafatafa o le laulau.
5. Na/sā tātou finau.

EXERCISE 66

1. 'Ole'ā ala Peta.
2. 'Ole'ā pese Mataio.
3. 'Ole'ā lele le manulele.
4. 'Ole'ā su'isu'i le fafine.
5. 'Ole'ā faitau le teine.

EXERCISE 67

1. They will argue.
2. The boy will rest.
3. The room will be cleaned.
4. The house will be painted.
5. The teachers will be angry.

EXERCISE 68

Ioane stood beside the old car. He did not like the old car. The boss (manager) came with a paper for Ioane to sign, but he did not sign it. The boss said to Ioane, "Do you want this car?" Ioane replied, "No. I don't want that car." The boss added, "Why (not)?" Ioane again replied, "It's an old car. I want a new car." The boss (manager) showed a new car to Ioane. The boss said to Ioane, "Would you like that Holden?" Ioane smiled and said to the boss, "Yes, please."

EXERCISE 69

1. 'Ua lē momoe tamaiti.
2. Sā lē tū le tama i lalo o le lā'au.
3. 'Ou te lē nofo i Newtown.
4. 'Ole'ā lē siva le teine.
5. E lē 'o moe Mataio.

EXERCISE 70

1. E lē sau le faiā'oga i le ta'avale.
2. E lē alu 'oe i le va'alele.
3. E lē fiafia le teine.
4. 'Ou te lē alu 'i Ueligitone.
5. 'Ou te lē sau taeao.

EXERCISE 71

1. 'Ou te lē fiafia 'i le pia.
2. E lē 'o a'u 'o 'Eseta.
3. E lē 'o moe Sina.
4. E lē 'o tamo'e Viliamu.
5. E lē 'o savali ia.

EXERCISE 72

1. I sleep.
2. I will go tomorrow.
3. I work at the Polynesian Bookshop.
4. I am not hungry.
5. I do not dance.

EXERCISE 73

1. You come tomorrow.
2. You go tonight.
3. You (plural) eat.
4. You (plural) walk.
5. You sing happily.

EXERCISE 74

1. Let us (2) go.
2. Let us (2) eat.
3. We (2) play.
4. We (2) refuse.
5. They (2) talk.
6. They (2) will come tomorrow.
   (They come tomorrow.)
7. You (2) will work tonight.
8. You (2) sing.
9. He/she knows you.
10. He/she likes me.

EXERCISE 75
1. I am Semisi.
2. I am a boy.
3. I live in Grey Lynn.
4. I am a Samoan.
5. I know how to speak English.
6. You are Mataio.
7. Who am I?
8. Who are you?
9. Where are you?
10. I am hungry.

EXERCISE 76
1. 'E te mālosi. (E mālosi 'oe.)
2. 'Olo'o pese 'oe. ('Olo'o 'e pese.)
3. 'E te fia 'ai. ('E fia 'ai 'oe.)
4. 'O fea 'oe?
5. 'O ai 'oe ?
6. 'O 'oe 'o Feleti.
7. 'O 'oe 'o le faife'au.
8. 'O 'oe 'o se Sāmoa?
9. 'E te fiafia? ('O 'e fiafia?/'O fiafia 'oe?)
10. 'E te nofo i fea? ('O fea 'e te nofo ai?)

EXERCISE 77
1. 'O ia 'o le lōia.
2. Savali 'iā te ia.
3. 'E fiafia ia 'i le kirikiti. (Na te fiafia 'i le kirikiti.)
4. E lē fiafia ia 'i le ta'aloga lakapī. (Na te lē fiafia 'i le ta'aloga lakapī.)
5. 'O ai ia?
6. Na te iloa ia.
7. 'Ua alu ia. ('Ua ia alu.)
8. 'Olo'o pese ia. ('Olo'o ia pese.)
9. 'O fea ia?
10. 'Ave (tu'u) 'iā te ia.

EXERCISE 78
1. We (3+) are children.
2. We (3+) are working people.
3. You (3+) are mothers.
4. They (3+) are doctors.
5. Where are you (3+) walking?
6. Are you (3+) coming?
7. Are you (3+) hungry?
8. Are you (3+) happy?
9. We (3+) are sad.
10. Let's (3+) go.

EXERCISE 79
1. You are a doctor.
2. He/she is a teacher.
3. They (2) are bus drivers.
4. You (3+) are lawyers.
5. We (2 excl.) are police officers.
6. Who are you (2)?
7. Who are you (3+)?
8. Are they (2) teachers?
9. Who is she/he?
10. Are you Ioane?

EXERCISE 80
1. 'O lā'ua 'o fōma'i.
2. 'O ai lātou?
3. 'O 'oe 'o se faiā'oga?
4. 'O ai le lōia?
5. 'O a'u 'o le faife'au.
6. 'O ia 'o le 'ave pasi.
7. 'O tā'ua 'o fōmeni.
8. 'O tā'ua 'o leoleo.
9. 'O a'u 'o se faife'au.
10. 'O mātou 'o Ioane, Pita, ma Sina.

EXERCISE 81
1. Tā ō.
2. Tā te lē ō.
3. E fiafia Henrietta iā tā'ua.
4. Tā tatalo.
5. Tā fa'atali.
6. 'Olo'o tā gālulue.
7. 'Olo'o mana'o Sina iā tā'ua.
8. Sā tā ta'a'alo ananafi.
9. 'Ua tā fia 'a'ai.
10. Fa'amolemole, tā 'a'ai.

EXERCISE 82
1. Let us live in Auckland.
2. We are going tomorrow.
3. Who are we?
4. Where are you?
5. They are police officers.
6. Where are we going?
7. We are going to Christchurch.
8. Where are you going?
9. We are going to Wellington.
10. We are Europeans.

EXERCISE 83
(a) Tālofa lava 'oulua.
(b) Tālofa lava Simi.
(c) 'O fea lua te ō 'i ai?
(d) Mā te ō 'i le lotu.
(e) Lua te mānana'o 'i se lifī?
(f) Leai fa'afetai.

EXERCISE 84
1. Tātou ō.
2. Tātou nonofo.
3. 'Ole'ā mātou 'a'ai.
4. 'Ole'ā tātou tāmomo'e.
5. Lātou te gālulue i 'Onehunga.
6. Lātou te momoe.
7. 'E lē mafai ona 'e moe.
8. 'Olo'o mātou lē sisiva.
9. 'Aumai 'iā mātou le tupe.
10. Sau i'inei iā mātou.

EXERCISE 85
1. We (3+) worked yesterday.
2. We (3+) have eaten.
3. You (3+) have danced.
4. We (3+) are talking.
5. They (3+) will be resting.
6. Let us (3+) pray.
7. There are fifteen of us.
8. Who are you? (3+)
9. Where are you? (3+)
10. Come let us (3+) go.

EXERCISE 86
1. lo'u tinā.
2. lo'u tamā.
3. lo'u ulu.
4. lo'u vae.
5. lo'u lima.

EXERCISE 87
1. lou isu.
2. lou taliga.
3. lou mata.
4. lou ulu.
5. lou laulu.

EXERCISE 88
1. lona fale.
2. lona va'a.
3. lona se'evae.
4. lona 'ofu.
5. lona 'ōfisa.

EXERCISE 89
1. 'O a'u tusi. ('O tusi a a'u.)
2. 'O o'u nofoa. ('O nofoa o a'u.)
3. 'O a'u peni. ('O peni a a'u.)
4. 'O a'u pepa. ('O pepa a a'u.)
5. 'O a'u ta'avale. ('O ta'avale a a'u.)

EXERCISE 90
1. 'O ou lima.
2. 'O ou mata.
3. 'O ou vae.
4. 'O ou taliga.
5. 'O ou tama'i lima.

EXERCISE 91
1. 'O ona fale.
2. 'O ona se'evae.
3. 'O ona 'ōfisa.
4. 'O ona 'ofutino.
5. 'O ona taliga.

EXERCISE 92
1. 'O lā tā (tā'ua) ta'avale.
2. 'O lo tā (tā'ua) fale.
3. 'O lā tā (tā'ua) peni.
4. 'O lā tā (tā'ua) nofoa.
5. 'O lā tā (tā'ua) laulau.

EXERCISE 93
1. 'O lua lima.
2. 'O lua mata.
3. 'O lua vae.
4. 'O lua taliga.
5. 'O lua tama'i lima.

EXERCISE 94
1. Their (2) houses.
2. Their (2) boats.
3. Their (2) cars.
4. Their (2) words.
5. Their (2) work.

EXERCISE 95
1. Is this our (2) boat?
2. Is that our (2) bag?
3. Is this your (1) car?
4. Is that your dress?
5. Is this his/her bread?

EXERCISE 96
1. This is our (3+) house.
2. That is your (3+) house.
3. That is their (3+) car.
4. That is our (3+) bus.
5. This is our (3+) question.

EXERCISE 97
1. I have a watch.
2. Have you got a book/letter?
3. Has s/he got a pen?
4. Has s/he got a shirt?
5. Have you got a tie?

EXERCISE 98
1. Have we got any shoes?
2. Yes, we have got shoes.
3. Have we got any shirts?
4. No, you haven't got any shirts.
5. Did you have any books/letters?

EXERCISE 99
1. Where is your bag?
2. Where is his/her book/letter?
3. Where are our pens?
4. Where are your (2) tables?
5. Where are their (2) chairs?

EXERCISE 100
1. our shirts
2. our pens
3. our chairs
4. our lands
5. our houses

EXERCISE 101
1. The red pen.
2. The brown bag/basket.
3. The yellow buses.
4. The green trees.
5. The blue house.

EXERCISE 102
1. O le tama e to'atasi.
2. 'O tama e to'alua.
3. 'O teine e to'atolu.
4. 'O ta'avale e fā.
5. 'O tusi e lima.

EXERCISE 103
1. E mūmū le polo.
2. E pa'epa'e le nofoa.
3. E uliuli le kofe.
4. E pīniki le pepa.
5. E lanumeamata le tusi.

EXERCISE 104
1. This is the brown bag.
2. That is the red bus.
3. That is the black horse.
4. This is the white cat.
5. That is the white dog.

EXERCISE 105
1. E lanumeamata tusi.
2. E lanumoana 'ofutino.
3. E lanu pīniki ta'avale.
4. E 'e'ena solofanua.
5. E papa'e peni.

EXERCISE 106

1. There are three aeroplanes.
2. There are seventeen dollars.
3. There are three hundred papers.
4. There are eight men.
5. There are fifty bags.

EXERCISE 107

1. Have you any sugar?
2. Yes. It's one dollar fifty cents for three kilos.
3. Have you any bread, please?
4. Have you any sausages, please?
5. We have no meat.

EXERCISE 108

1. E iai ni tou/au kofe?
2. E iai ni tou/au i'a?
3. E iai ni tou/au aniani?
4. 'Ioe. E tele.
5. 'Ioe. E iai mātou pata.

EXERCISE 109

1. How much is the price?
2. Bring some bread, please.
3. What is the cost of the pig?
4. How much is the (cost of) chicken?
5. Are there any tinned fish?

EXERCISE 110

1. It's eight dollars per kilo.
2. It's ten cents.
3. The cost/price is thirty dollars and twenty cents.
4. There are plenty.
5. No. It's finished.

EXERCISE 111

1. Is there a bag?
2. Is there a boy?
3. Is there a tree outside?
4. Is there a child?
5. Is there a pen?

EXERCISE 112

1. Na/sā mālūlū le vai.
2. Na/sā 'ena'ena le fale.
3. Na/sā ta'e le fagu.
4. 'Ole'ā fia moe le tama.
5. 'Ole'ā ma'alili le pepe.

EXERCISE 113

1. Were there any pens?
2. Were there any people?
3. Were there any cars?
4. Were there any shoes?
5. Were there any tables?

EXERCISE 114

1. 'Olo'o tatalo le faife'au.
2. 'Olo'o savali le tamāloa.
3. 'Olo'o galue le teine.
4. 'Olo'o moe le maile.
5. Olo'o 'ai le pusi.

EXERCISE 115

1. I am a teacher.
2. You are a doctor.
3. He is a pastor.
4. Viliamu is an engineer.
5. Mataio is a professor.

EXERCISE 116
1. There was a house.
2. There was some money.
3. The man was in the house.
4. The bag was in the room.
5. The paper is on the table.

EXERCISE 117
1. There is a house.
2. Is there a house?
3. Yes, there is a house.
4. No, there isn't a house.
5. Are there any houses?
6. Yes, there are houses.
7. No, there are no houses.
8. There are houses.

EXERCISE 118
1. There is a car in the garage.
2. There are people in the room.
3. Yes, there are teachers in the school.
4. No, there isn't a job.
5. Are there any meals in the restaurant?

EXERCISE 119
1. E iai le tamāloa i le fale'oloa.
   ('Olo'o iai le tamāloa i le fale'oloa.)
2. Leai, e leai ni lā'au i le ata.
3. 'Ioe, e iai se maile i le ata.
4. E iai se fale i tafatafa o le 'auala?
5. E iai ni tagata i le potu?

EXERCISE 120
1. the man
2. the house
3. I (It's me)
4. he/she
5. they

EXERCISE 121
1. I have a brown dog.
2. I have a big boat.
3. He has a pink tie.
4. She has a black car.
5. He has a red shirt.

EXERCISE 122
1. Have you got any *lavalava*?
2. Have you got a table?
3. Have you got a dress?
4. Has he got any trousers?
5. Has she got a friend?

EXERCISE 123
1. S/he has a job.
2. S/he has a spouse.
3. S/he has children.
4. S/he has a car.
5. S/he has a boat.

EXERCISE 124
1. I had a friend.
2. S/he had a dog.
3. S/he had a jacket.
4. S/he had some money.
5. You had a watch.

EXERCISE 125
1. S/he hasn't got a jacket.
2. S/he hasn't got a bag.
3. S/he hasn't got a cardigan.
4. S/he hasn't got any money.
5. S/he hasn't got a book/letter.

EXERCISE 126
1. The baby is asleep in bed. (no. 1)
2. The lesson was done by the class. (no. 3)
3. The old man ate the fish. (no. 2).
4. The man said the prayer last night. (no. 2)
5. The woman is not happy with her child. (no. 1)
6. The rat ate the food. (no. 3)
7. The car is being fixed by Siaki. (no. 3)
8. The teacher is talking to her class. (no. 2)
9. The pig was fed by the boy. (no. 1)
10. That chair was brought by my brother/sister. (no. 4)

EXERCISE 127
1. Are you walking to school?
2. Yes. I'm walking to it.
3. Are you going to the dance?
4. Yes, I'm going to it.
5. Are you (2) going to the meeting?
6. Yes, we are going to it.

EXERCISE 128
1. 'E te alu 'i le tīfaga?
2. 'Ioe, 'ou te alu 'i ai.
3. 'E te savali 'i le falesā?
4. 'Ioe, 'ou te savali 'i ai.
5. 'E te fiafia 'i le siva?
6. 'Ioe, 'ou te fiafia 'i ai.

EXERCISE 129
1. Where are you running to?
2. Where are you (2) going to?
3. Where is Ioane walking to?
4. Where is Pita sleeping at?
5. Where is Sina going to?

EXERCISE 130
1. 'O fea e alu 'i ai ia? ('O fea e alu ia 'i ai?)
2. 'O fea 'e te alu 'i ai? ('O fea e alu 'i ai 'oe?)
3. 'O fea lua te sāvavali 'i ai?
4. 'O fea tou te tāmomo'e 'i ai?
5. 'O fea e alu 'i ai Ioane?

EXERCISE 131
1. Do you want the cup?
2. Do you want it?
3. Do you want the taro?
4. Do you want it?
5. Do you want the envelope?
6. Do you want it?

EXERCISE 132
1. Yes, I want it.
2. No, I don't want it.
3. Do you want the pen?
4. Do you want the paper and the pencil?
5. No, I don't want them.

EXERCISE 133
1. 'O āfea e fai ai le fono?
2. E fai i le Aso Gafua.
3. 'O āfea e fai ai le pātī?
4. E fai taeao.
5. E fai i le aso sefululima.

EXERCISE 134
1. When will the meeting finish?
2. When will the service take place?
3. It will take place on the twenty-second.
4. When will the dance be held?
5. It will be held on Sunday.

EXERCISE 135
1. 'Ioe, 'ou te alu 'i ai.
2. 'Ioe, 'ou te alu 'i ai.
3. 'Ioe, ma te ō 'i ai.
4. 'Ioe, mātou te ō 'i ai.

EXERCISE 136
1. Alu iā Ioane.
2. 'O fea 'e te alu 'i ai? ('E te alu 'i fea?)
3. Leai, ou te lē alu 'i ai.
4. 'O ai e alu 'i ai?
5. 'Aiseā na alu 'i ai Pita?
6. Lua te ō 'i ai?
7. 'E te alofa iā Mary (Mele/Mālia)?
8. 'Ou te alu 'iā Simi.
9. 'E te alu 'i ai?
10. E alu ia 'i ai?
11. 'Ou te le'i alu 'i ai.
12. 'Ioe, mā te ō 'i ai.

EXERCISE 137
1. Na/sā fai (atu) Mele 'iā Tōmasi, "'E te alu i le pātī i le pō taeao?"
2. Na/sā tali mai Tōmasi, "'Ioe, 'ou te alu 'i ai. 'E te alu 'i ai?"
3. "'Ioe, 'ae masalo 'ou te tuai", sā fai mai ai Mele.
4. Na/sā fai atu Tōmasi, "Na/sā 'e alu 'i le pātī i le pō o le Aso To'ona'i 'ua te'a?"
5. Na/sā tali Mele, "Leai, 'ou te le'i alu, 'ae sā ō Pita ma Ioane."
6. "Sā lā fiafia 'i ai?" sā/na fesili ai Tōmasi.
7. "'Ioe, sā/na lā fiafia tele 'i ai."

EXERCISE 138
1. 'Ua 'ou 'ai 'auā 'ua 'ou fia 'ai.
2. 'Ua 'e ita 'auā 'ua 'e vaivai. ('Ua ita 'oe 'auā 'ua 'e vaivai.)
3. Sā 'ai ia leaga sā ia fia 'ai.
4. Na mātou (mā, etc.) ō mai 'ona 'o 'oe.
5. Na mātou (mā, etc.) momoe ina 'ua mātou (mā) vaivai.

EXERCISE 139
  1. I was hungry but there was no food.
  2. Iosua will go but Peleti will stay.
  3. You steal a lot but I still love you.
  4. You (2) lie a lot but I still love you.
  5. You (3+) make a lot of noise but I still love you.

EXERCISE 140
  1. Na la'itiiti le tama 'ae peita'i na saosaoa tele.
  2. Na ia vaivai 'ae peita'i sā ia tamo'e.
  3. Sā lātou mātitiva 'ae peita'i sā lātou fōa'i tupe 'i le lotu.

EXERCISE 141
  1. I will come if the sun shines.
  2. Eta will not go if she is tired.
  3. You (2) would have stayed if you had come earlier.
  4. We (3+) would have come if there had been food.
  5. Come if the sun shines.

EXERCISE 142
  1. 'Ai lau falaoa 'a'o vevela.
  2. Liligi le vai 'a'o vevela (Sasa'a = Liligi).
  3. Sā tamo'e Pita 'a'o māfanafana.
  4. Sā ia pese 'a'o ia tā'ele.
  5. 'Aua 'e te inu 'ava 'a'o 'e 'aveina (se ta'avale).

EXERCISE 143
  1. The child (young boy) fell when his foot slipped.
  2. The people clapped when they were happy.
  3. The woman drank her coffee when it was sugared.
  4. The girl ran when the bell rang.
  5. The man left when the food was finished.

RIDDLES
1. 'O gafa o 'āiga.
   Family roots.
2. 'O le fala moe.
   The sleeping mat.
3. 'O le fa'i ma lona 'aufa'i.
   The banana tree with its bunch.
4. 'O le paopao.
   The canoe.
5. 'O le ta'inamu.
   The mosquito net.
6. 'O le laumei.
   The turtle.
7. 'O le 'ali ma ona vae e fā, 'o le 'au uso lea, 'a'o le tino o le tama lenā.
   The wooden pillow with four legs as the four brothers and the body is the father.
8. 'O le ipu tau 'ava.
   The kava cup.
9. 'O le pua'a.
   The pig

SAMOAN PUZZLE 1

SAMOAN PUZZLE 2

EXERCISE 144

1. 'Ave le tupe, Pita.
2. Siaosi, 'aumai le naifi.
3. Mele, fa'amolemole 'aumai le nofoa 'iā Toma.
4. 'Ave le iputī 'iā Sina.
5. Ioane, 'aumai le ta'avale fa'amolemole.

EXERCISE 145

1. Meleane, take the paper and the pen to Siaki.
2. Bring the cup and the knife, please.
3. Siaki, take the pencil and the bag (basket) to Sione.
4. Eseta, bring the table and the chair, please.
5. Semi, where are you going?

EXERCISE 146

1. 'O le ta'avale tuai lenei a Simi (Jim).
2. 'O se laulau fou lenā.
3. 'O le maile lenei mea.
4. 'Aumai le solofanua fa'amolemole.
5. Tu'u le uati 'i luga o le laulau.

EXERCISE 147

1. 'O ta'avale fou.
2. 'Ave suō 'iā Toma.
3. 'O ai igoa o tama?
4. 'O fale nei o a'u.
5. Tu'u pulumu 'i totonu o 'apa.

EXERCISE 148

1. tusi
2. lā'au
3. fale
4. peni
5. laulau
6. solofanua
7. ta'avale
8. sāmala
9. pakete
10. nofoa

EXERCISE 149

1. 'Ou te alu 'i... (destination name)
2. 'O ai lou suafa (igoa)?
3. 'O fa'apēfea (ā) mai 'oe?
4. Tālofa lava (Simi).
5. 'E te fia 'ai? (moe, alu, siva, etc.)

EXERCISE 150

1. 'O ai lou igoa (suafa)?
2. Tālofa John (Ioane) o ā (fa'apēfea) mai 'oe?
3. Manuia fa'afetai Jim (Simi), 'ae ā 'oe?
4. 'E te alu i fea?
5. 'Ou te alu i le fale'oloa.
6. Tofa.
7. 'Aumai le ta'avale fa'amolemole.
8. 'Ave le 'ato ma le tusi.
9. 'O le ā lenei (lea) mea?
10. 'O le ā lenā mea?
11. 'Aumai lenā mea. ('Aumai le mea lenā.)
12. Tu'u le tusi 'i luga o le laulau.

EXERCISE 151
1. Take the chair to the room.
2. Sione, bring the table, please.
3. Ioane, put the broom inside the kitchen.
4. Take the saw to Simi.
5. Bring the spade and the hammer.

EXERCISE 152
1. 'Ou te alu taeao.
2. Fa'amolemole 'ave lenā nofoa 'iā Sione. (Fa'amolemole 'ave le nofoa lenā 'iā Sione.)
3. 'O lau ta'avale lenā (lelā)?
4. 'E te nofo i fea? ('O fea 'e te nofo ai?)
5. 'O ā nei mea?

EXERCISE 153
1. The boy is outside.
2. Ioane is at school.
3. That is Ah Chong's shop.
4. How many books are those?
5. It's two thousand five hundred dollars.

EXERCISE 154
1. Onosefulu fitu.
2. Tasi le afe, selausefulu ma le tasi.
3. Fitu afe, onoselau, fitusefulu ma le tasi.
4. Sefululua afe, toluselau sefulu.
5. Tasi le miliona, onoselau ma le lua.

EXERCISE 155
1. Aso Gafua.
2. Aso Lua.
3. Aso Lulu.
4. Aso Tofi.
5. Aso Faraile.
6. Aso To'ona'i.
7. Aso Sā.

EXERCISE 156
1. This is Monday.
2. What date was it yesterday?
3. Was it Wednesday yesterday?
4. What date is tomorrow?
5. Tomorrow is Sunday.

Glossary / 'Upu Ma Uiga

Abbreviations used:

s   =   singular
pl =   plural
ch =   chiefly language

'a'ai	to eat (pl); grip
'a'ao	limb
'a'o	while; but; before
'ae	but
'āiga	elementary family; extended family; lineage; kin; relatives; home
'aiseā	why
'ali	wooden pillow
'āmata	to begin; start; initial
'āmatalia	begin (passive)
'apa	tin; can
'api	note book; exercise book
'apu	apple
'aso	thatch-rafter
'ato	basket; luggage; baggage; bag
'ātoa	entire; full; complete
'au	stalk; handle; weapons, arms; team; side with
'aua	not; do not; don't
'auā	because; for; since; on account of; in view of
'auala	road; pathway; street
'aualata'avale	driveway
'aufa'i	bunch of bananas
'aumai	to bring
'aumaia	to bring (passive)
'autapulu	tattoo implement
'auuso	group of brothers or sisters
'auvae	chin; jaw
'ava	cup of kava; kava drink; beard
'avatu	to take; give
'ave	give to; hand to; carry; take; drive; ray of sunshine; tentacle
'ave'ese	to take away; remove

ʻe	you (s)
ʻeʻena	brown (pl)
ʻeleʻele	earth; soil; ground; dirt; blood
ʻenaʻena	brown (s)
ʻese	other; different; wrong; unusual; strange; away from
ʻia	so as to; in order to; let (imperative); yes; right; that's it
ʻiā	to
ʻinoʻino	to be disgusted (with); have revulsion; hate
ʻioe	yes; agree; approve
ʻo	multifunctional word: *not* (in a negative sentence); in the future; as; while; nominative particle that comes in front of nouns standing alone
ʻoe	you (s)
ʻofu	dress; garment
ʻofutino	shirt
ʻogāumu	oven; kitchen; stove; cylinder of an engine
ʻoi	exclamation of surprise
ʻoleʻā	future tense indicator
ʻoloʻo	present continuous tense indicator
ʻolomatua	old woman
ʻolomātutua	old women
ʻona	because; on account of; poisonous; infected
ʻoteʻote	to scold; noise of tattooing implement
ʻou	I
ʻoulua	you (dual 2)
ʻoutou	you (3+)
ʻua	present perfect tense indicator; recent past
ʻuma	to be over; done; finish; all; whole of; each; every
ʻupu	word
a	of; in; by
ā	very; indeed; just; only; what
aʻa	root; kick
āfāina	to be something the matter with
afe	to lift; turn over; enter a house
āfea	when (future)
afio	(respect) come; go (ch)
afioga	honorific / honorable
afitusi	matches
agāga	soul; spirit
ai	who; there; why; herein; hereby
aiaiga	arrangements
ala	path; road; awake; wake up
aliʻi	high chief; man/boy; elderly man
alo	front; stomach/belly; row; paddle

alofa	love (s); affection; do a favour; sympathise
ālolofa	love (pl); affection, etc.
alu	to go (s)
ana	his/hers; prefix —time past
anafea	when (past)
ananafi	yesterday
anapō	last night
ane	along
aniani	onion
aʻo	to learn; teach; train
āʻoga	school
ao	cloud; gather; head
aso	day; date
asō	today
ata	shadow; copy; duplicate; photo; film
ata	my (pl); shadow; dawn; picture; photograph; film
atu	away from
atunuʻu	country
aʻu	my; me
au	your; continue; reach
aueuē	cry bitterly
aunoa	be without; free of obligations
āvā	wife
avanoa	opportunity
e	present tense; counting particle
ē	they who; those who
faʻaʻenaʻena	to make something brown
faʻaʻila	to make something bright
faʻaaloalo	respect
faʻaatualoa	like a centipede
faʻafafa	a burden carried on the back
faʻafekai	thank you ("K" style)
faʻafetai	thank you ("T" style)
faʻafofoga	to listen (ch)
faʻaifo	to come down; descend
faʻalaufao	wild banana; herb
faʻalava	to make something up to the required amount
faʻalavelave	important occasion; accident; danger; trouble
faʻalēsaʻo	not quite right
faʻaliliu	to translate; convert
fāʻalo	ceiling; to salute
faʻalogo	to listen

fa'alua	twice
fa'amalama	window
fa'amamā	to clean; wash up; dismiss from the mind
fa'amāsima	add salt; put salt in
fa'amau	to lock; bolt; button; tighten, fasten
fa'amāvae	to part; resign
fa'amisa	to pick quarrels; start trouble
fa'amolemole	please; plaster
fa'amuliali'ao	tattoo pattern
fa'anoanoa	sad; sorrowful; mourn; regret; fear that
fa'aopoopo	to add
fa'apa'ū	to fell; cut down
fa'apea	to think; suppose; imagine; assume; say; speak
fa'apēfea	how?; what about?
fa'aperetania	English (language); like the British
fa'asaga	to face (toward); attend to; turn attention to
fa'asāmoa	Samoan culture; customs; ways; traditions
fa'asino	to show; point; indicate; direct; refer
fa'asuka	to add sugar; sweeten
fa'atali	to wait
fa'atālofa	greeting each other; hello
fa'atamatane	like a man; work like a man
fa'atau	to shop; buy; purchase/sell
fa'atele	to increase; enlarge; multiply; exaggerate
fa'ato'aga	plantation; garden
fa'atūmoa	tattoo pattern (flower of banana bunch)
fa'aulutao	tattoo pattern (spear head shape)
fa'i	banana; break off; snap
fafine	woman
fafo	outside
fāgota	to fish
fai	to do
fai'ai	brain
faiā'oga	teacher
faife'au	pastor; church minister
faigāluega	to work
faisua	sea clam
faitau	to read
faitoto'a	door
fala	mat
falaoa	bread
fale	house
fale'aiga	restaurant
fale'inisinia	garage

fale‘oloa	shop; store
faleā‘oga	school
falefaitautusi	library
falefono	meeting house
falema‘i	hospital
falemeli	post office
faleo‘o	ordinary dwelling house
falepālagi	European house
falepia	brewery; pub
falepovi	butcher
falesā	church
falesāmoa	Samoan building/house
falese‘evae	shoe shop
faleta‘avale	garage
faletele	big round house; guest house
faletīfaga	movie theatre
faletusi	stationery shop
faleuaealesi	radio station
faleuila	toilet
falevao	toilet
fānau	children
fanua	land
fasi	piece of; smack
fasipovi	piece of meat
fata	shelf
fatafata	chest
fatatusi	bookshelf
fatu	heart
fe‘ātai	to laugh (pl)
fe‘ausi	to swim (pl)
fea	where
fea‘a	kick (pl)
feagaiga	treaty; agreement; special relationship between two kin groups/brother and sister
feala	to wake up (pl)
fefete	to expand
feinu	to drink (pl)
feita	to be angry (pl)
felelei	to fly (pl)
feofoofoa‘iga	to greet (pl)
fepulafi	bright; luminous; to stare (pl)
fesili	question
fetalai	to orate; to speak (ch)
fetalaiga	orator
fetogi	to throw (pl)

fetolofi	to crawl; creep (pl)
fia	to wish to/want to; how many
fiafia	to enjoy; gladness; favourable; entertainment; interest in
fīnau	to argue; quarrel
fitafita	soldier
fo'i	to return; come back; also
fola	floor; spread
fōma'i	doctor
fono	meeting
fou	new; fresh
fuālā'au	fruit; pill; tablet
fusiua	necktie
gā'utā	toward inland
gafa	lineage; genealogy; fathom
gagana	language
galo	to forget
galue	to work (s)
gāluega	work
gālulue	to work (pl)
gaoi	thief; theft; steal
gāpiā	home-coming present (after a long absence)
gata	to come to an end; terminate; set a limit; snake
gātai	toward the sea; seaward
Gogo	a white bird
gutu	mouth
i	in, at; on; for
i'a	fish
i'u	to be finished; ended; turn out; resort to; end
ia	he/she/it
iā	in; at
iai	be; be present; be available
igoa	name
iloa	to know; see; spot; recognise
ina	with 'ua, when; after
inu	drink
ipu	cup; china; dish; bowl
iputī	cup
isi	other
isu	nose
ita	to be angry; anger
itū	side
itūlā	hour

ivi	bone; skeleton
ivitū	spine
kalagoaga	(talanoaga) discussion; conversation
kālofa	(tālofa); greetings; expression of pity or sympathy
kamā	(tamā) father
kapeta	carpet
keke	cake
kigā	(tinā) mother
kofe	coffee
kuata	quarter
kuka	cook
la	their (occurs with dual and plural pronouns but with singular reference)
lā	they (dual); their (dual); those (3+)
lā'au	tree; plant; wood; apparatus; instrument
la'itiiti	small; little; slight; young
la'u	my
lā'ua	they (2)
lagi	sky; heaven
lāiti	small; tiny; little
lale	that (yonder)
lali	wooden gong drum
lalo	down; under
lana	his/hers
lanu	colour
lanumeamata	green
lanumoana	blue
lanumoli	orange
laoa	choke; house of an orator
lāpo'a	big, large (s)
lāpopo'a	big, large (pl)
lāpotopoto	round; spherical
lātou	they; them (3+ people)
lau	your (s)
laugutu	lip
laulau	table; food platter; serve food
laulaufaiva	tongue
laulu	hair
laumei	turtle
laupapa	plank; board
lava	very; readily; must; indeed; enough
le	the
lē	not; do…not; he/she/who

le'i	not (form of *lē* used with certain words)
lea	this; here
leaga	bad; damaged; unfortunately
leai	no; be lacking; absent; be none; refuse
leiloa	lost; don't know
lelā	that (in the distance)
lele	that (close by)
lelei	good; good conditions
lēmū	slow; gentle
lenā	that (close to listener)
lenei	this (next to speaker)
leoleo	be on guard; policeman
lifi	lift
lo	our (dual and plural) — see *la*
lo'omatua	old woman
lo'omātutua	old women
lo'u	my
loa	at once; immediately; as soon as
logo	bell; gong
lōia	lawyer
lolotu	act of worshipping (pl)
lona	his/hers
loto	heart; feeling; stretch of deep water
lotu	church; worship (s)
lou	your (s)
lua	you (two); your
luga	on; over; up; upwards
lūlūlima	to shake hands
luma	in front of; forward; forwards
lupe	pigeon
ma	and; with; one each; away from; for; out of
mā	we (he and I)
ma'i	to be sick; fall ill; patient; infection; pregnancy
mā'ua	we (2)
māe'a	finished; ready; complete
māfaufau	to think out; consider; reflect; devise
māfolafola	to be flat
māfua'aga	origin
maguia	(manuia) (be) happy/lucky/fortunate/blessed
mai	from; this way
maile	dog
malaga	journey; trip; party of travellers or visitors
maleifua	to wake up (ch)

malie	to agree; approve; sanction; be assuaged (enough)
maliu	to die (ch); death
malō	hard; firm; solid; stiff
mālō	guest; visitor; government; state; success; victory; well done/good work
mālōlō	to rest; adjourn; pause
mālōlōina	to be healthy; health; recover from sickness
mālosi	to be strong; sharp; violent; strong; dark
mālumalu	temple; cathedral; church
mamā	to be clean; clear; pure; innocent
māmā	lung; light (not heavy); lightness
mamao	far; distant
māmoe	sheep
manaʻo	want (s); desire, etc.
mānaia	attractive; smart; fine; beautiful
mananaʻo	want (s); desire; require; like; wish; in accordance with
manatua	to remember
manava	belly; waist
manu	bird; animal; cattle
manuia	good luck; good fortune
manulele	bird
maota	chief's residence; house (ch)
masalo	to think; be of the opinion
māsani	to be used to; accustomed; normal; experience; practise
māsima	salt
māsina	moon; month; season
mata	raw; uncooked
matai	chief; head of a Samoan family
mativa	poor; lack; want
mātou	we (3+) inclusive
Mātū	North
matua	mature; adult; older; elder; old; parent
mātua	parents
maua	to get; be caught; obtain; acquire; be found
maualuga	high; tall; altitude (s)
maualuluga	high; tall; altitude (pl)
mea	thing; object; genitals; place; area; property; goods
meāfale	furniture
miliona	million
mīnute	minute
mō	for
moʻomoʻoga	to wish; desire
moa	chicken; hen; solar plexus
moana	deep sea; deep water
moe	sleep

moega	bed; sleeping place
moli	orange; soap
mōlī	lamp; light
momoe	to sleep (pl); have sexual intercourse
motu	island; break; snap
muāʻauvae	chin
muamua	first
muāulu	forehead
mulimuli	last
mulimuliane	later on
mulivae	heel
mūmū	red
mumusu	be utterly uncooperative (pl); sullen; refuse; sulk
musu	be utterly uncooperative (s); sullen; refuse; sulk
musumusu	whisper
na	he/she/it; past tense marker
nā	those (close to listener)
naifī	knife
nānei	later on; this evening; tonight
neʻi	(not) on any account; (not) at all; in case; or
nei	these (close to speaker)
ni	any/some
nifo	tooth/teeth
niniva	to feel giddy
noʻo	hip; seat; posterior
nofo	to live; dwell; stay
nofoa	chair; seat; saddle
nofoaga	dwelling; residence
nūmera	number
nuti	to be broken into pieces
o	of; possessive particle indicating "o" class
ō	to go (pl)
oʻu	mine; my
oso	to jump; hop; dash; jump on; customary gifts
pā	to burst; explode
paʻeʻe	thin; skinny; lean
paʻepaʻe	white
paʻu	skin; hide; leather; tyre
paʻū	fall; sink; drop; fail; devolve
palusami	dish made of young taro leaves and coconut cream
paopao	small dugout canoe

papa'e	white (pl)
Papālagi	European
papātua	back
Pasefika	Pacific
pāsese	passengers; fare
pasi	bus
pasiketipolo	basketball
patipati	clapping; clap
pē	indicates question; die; dead (of animals); approximately; about; probably
pe'a	flying fox
pe'ā	when; if (future)
pe'āfai	if
pea	follows verb to indicate continuity; pair; bear
peita'i	but; yet; on the contrary; and yet
pele	darling; favourite; beloved
peni	pen
penitala	pencil
pepa	paper; ticket; label; pepper; licence; document; receipt
pepe	baby; butterfly
pepelo	to lie; be false
pepese	sing (pl)
pese	sing (s); song
piliki	brick
pipi	a shellfish; tree; fish
pisa	to make a noise; be noisy
pīsupo	corned beef
po	indicates question
pō	night; be dark; slap; pat
polo	ball; red pepper
ponāivi	bone
popoto	to be smart (pl); clever; intelligent; skilled; expert; learned
poto	to be smart (s)
potu	room
potu'ai	dining room
potumoe	bedroom
potusu'esu'e	study
potutā'ele	shower room
potutāmea	laundry; wash house
pou	house post
povi	cow; cattle
pua'a	pig
puanea	remote; distant
puipui	to surround; fence off; protect; prevent; ward off; put in brackets
pule	authority; power; right to control; decision; ruling; council of chiefs and orators

pūlou	hat; cap; cover one's head
pusa	box; give out smoke, steam, vapour, etc.
pusameli	mail box
pusi	cat; moray eels
puta	stomach; fat
pute	navel
sa	a (indefinite pronoun with singular reference to a class)
sā	past tense indicator; sacred; set apart; taboo
sa'o	correct; right; straight; truth; senior title holder
sa'u	any one of my, one of my
saini	sign
sala	make a mistake; rather
samasama	yellow
sami	sea
sana	any (of his/her/its—a class); one of hers, etc.; grain; wheat
saosaoa	fast; quickly
sapasui	chop suey
sau	come (s)
sāunoa	speak (ch)
sausau	sprinkle; speckled; deep (of ocean)
sāusaunoa	sing; dance (ch)
Saute	South
savali	walk (s)
sāvavali	walk (pl)
se	a; an; one (indefinite article)
se'e	slide; glide; slip; skid; wrench; dislocate
se'evae	shoe
se'i	let me; let us (indicates desire, wish, request, or command)
se'iloga	it only needs; unless
sēkone	second
selo	zero
selu	comb
sesē	miss; stray; wrong
si	expresses affection
sigano	kind of pandanus
silasila	see (ch); watch
sili	highest; top; topmost
sina	a little; some; white; grey (hairs)
sipuni	spoon
sisiva	dance (pl)
siva	dance (s)
so	a (indefinite pronoun with singular reference to "o" class)
so'o	any; anything

so'u	any of my; one of my
soga'imiti	young tattooed man
soifua	live; wish someone farewell; health
sole	son; boy; fellow; exclamation to show astonishment
solo	around; all about; up and down, back and forth
solofanua	horse
sona	any (of his/her/its); one of hers, etc. ("o" class)
sosi	sauce
sou	your; one of your
su'isu'i	to sew
suafa	name; title (ch)
sui	change; replace
suilapalapa	hip; thigh
suka	sugar
supo	soup
susu	milk; breast; suck
susū	wet
susulu	shine; feel illuminated
ta	denoting self-abasement
tā	we (2 incl.); our
tā'a'alo	play (pl)
ta'alo	play; playing
ta'aloga	game; sport
ta'amilomilo	go round and round; to circle
ta'atia	lie down; leave alone
ta'avale	car
ta'e	break; smash
tā'e'ele	have a bath; shower
ta'i	precedes numerals to indicate distribution
ta'inamu	mosquito net
ta'itasi	one...each; one at a time; one by one; each; every
ta'ito'a	precedes numerals to indicate distribution
ta'ito'afā	four...each (people)
ta'ito'alua	two...each (people)
tā'ua	we (2-dual)
ta'uta'ua	be well known; famous
taeao	tomorrow; morning
tāfafao	stroll about (pl)
tafao	stroll about (s)
tafatafa	near; next to
tafea	drift; be carried away by current
taga	be removed; lifted
tagata	person/people; man

tagi	cry; weep; make a noise
tai	tide
taimi	time
tala	story
tālā	dollar
talaane	next to; near
talaatu	on the other side
talafatai	sea-coast
talanoa	talk; chat; make conversation
talanoaga	discussion; conversation
tali	wait; reply; response; answer
taliga	ear; reception; welcome
talivai	water turrets
talo	taro
tālofa	greetings; hello
talu	from; since
tama	boy; child; chief of high rank
tamā	father
tama'ilima	finger
tama'ita'i	lady; woman; village maiden
tamaiti	children
tamaitiiti	child
tamāloa	man; married man
tamāloloa	men; married men
tāmea	do the washing
tamo'e	run (s)
tāmomo'e	run (pl)
tāne	husband
tapē	kill (animals); put out lights and fires; rub out
tapulima	wrist
tapunia	shut (passive)
tapuvae	ankle
talo	taro
tasi	one; same; one only; single; however; but however
tatā	strike; hit; bail out; to bat (cricket)
tatala	open; unhitch; take off; break; cancel; release; let out
tatalo	pray; prayer
tatau	tattooing; fit; proper; necessary
tātou	we (3+ incl.)
tau	try to; reach; go (up); only; just; provided that; cost; price; count in; include; fight; season; pick
tau'au	shoulder
taualuga	top; ridge
tauamo	carry together

taufālō	debate; dispute; stretch; reach
taufetuli	run (group of people)
taule'ale'a	young man; youth; untitled man
taulele'a	young men; untitled men; youth
tāumafa	eat (ch); drink (ch)
taumafai	try; attempt
taunu'u	arrive; reach destination; to land; materialise
tausaga	year; be so many years old; age
tausi	take care of; look after; to nurse; keep to
tautala	talk; speak; discuss
tautalatala	talkative
tautau	hang up
taute	eat or drink (ch)
te	present tense indicator (form of *e* — it never occurs initially)
te'a	pass; be parted; be dismissed; separated
teine	girl; female; virgin
teineiti	little girls
teineitiiti	little girl
tele	many (s); large; big; great; numerous
telē	large (s)
telefoni	telephone
tetele	many (pl); large
tetelē	large (pl)
teutusi	envelope
ti'eti'e	ride; sit astride
tia'i	get rid of; abandon; leave out
tīfaga	movie show; film; spectacle; cinema
tigā	even though; no matter
tīgā	be painful; hurt; suffer
timu	be rainy
tīmuga	rain; shower
tinā	mother
tino	body
tipi	cut; slice
titina	put out; switch off
to'a	be still; settle; calm
to'afia	how many
tō'ese	subtract; take away; remove
toe	again; repeat; more; final, last; remain
toea'i'ina	old men; elders (pastors)
toea'ina	old man; elder (pastor)
tōfā	sleep (ch); orator (honorific); opinion (ch); goodbye; farewell
togi	make a mark; mark; dot; throw; prize
tonu	exactly; directly; be right, just; squarely; plan

toto	blood; bleed
totoe	remain; left; remainder; remnant; balance; bonus
totofu	to dive (pl)
totolo	crawl; creep
totonu	inside; within; in the midst of; interior; in between
tou	you (3+)
tū	stand (s); be stationary; alight; pull up (car)
tuʻi	to punch, give a blow; knock; hit; beat; mash; blow up; blast
tuʻinanau	long for; yearn for; lust; envy; covet
tuʻu	put (down); cut down (trees); let go; give; put; place
tua	back; beyond; outside
tuafafine	sister of male
tuafāfine	sisters of male (s)
tuai	be late; be delayed; to take a long time
tufuga	craftsman; expert; specialist; carpenter
tui	jab; stab; prick; sting; injection; fork
tulāfale	orator
tulilima	elbow
tulivae	knee
tupe	money; concave coconut discs
tupu	grow; arise; break out; happen; occur
tusi	draw; write; point with finger; letter; book
tusitusi	write; striped; writing
tutū	stand (pl)
tūtūmau	cling to; abide by; permanent
ua	neck; rain
ufi	cover; put covering over; lid; yam
ui	go along; go by way of; follow a road to
uilaafi	motorcycle
ulavale	make a nuisance of oneself; make trouble
ulāvavale	people who make nuisances of themselves
uli	steer; drive a car
uliuli	black
ulu	go into; enter; head
umukuka	kitchen; cookhouse
unaʻi	push; shove; encourage; persuade
uō	friend; be friends
uso	brother (of male); sister (of female)
uta	inland; ashore
vaʻa	craft; boat; ship
vaʻai	look at; sight
vāʻai	scrutinise; observe

va'aia	catch sight of; see
va'alele	aeroplane
vae	leg; foot
vāega	division; section; part; portion; share; party
vaevae	divide
vaiaso	week
vāivai	weak; soft; tired; timid; faint-hearted
valea	be stupid; mad; insane; foolishly
vālelea	stupid people (see *valea*)
vali	paint
valu	scratch; scrape; grate; peel; eight
vao	forest; bush; grass; weeds
vasalaolao	open ocean; wide ocean
vasaloloa	vast ocean
vasega	class; ruling; body; contingent
vave	quickly; in good time; early; fast; premature
vevela	hot; warmth; heat

Selected Bibliography

Allardice, R. W. *A Simplified Dictionary of Modern Samoan*. Auckland: Polynesian Press, 1985.

Churchward, S. *A Samoan Grammar* (2nd edition). Melbourne: Methodist Publishing, 1951.

Marsack, C. C. *Samoan* (Teach Yourself Books). London: English Universities Press, 1962.

Mayer, J. F. *Samoan Language*. A manual of Samoan language as taught by the Peace Corps. Apia, Western Samoa, 1975.

———. Miscellaneous unpublished grammar papers delivered at conferences of Faleula and Fagasa organisations.

Milner, G. B. *Samoan Dictionary*. London: Oxford University Press, 1966.

Schultz, E. *Samoan Proverbial Expressions*. Collected, translated and explained. Auckland: Polynesian Press.

Stuebel, C. *Tala o le Vavau—the Myths, Legends and Customs of Old Samoa*. English translations by Brother Herman. Apia, Western Samoa: A. H. Reed & A. W. Wellington, and Wesley Productions, 1976.

Tuitele, M. T., and J. Knebuhl. *Upu Samoa / Samoan Words*. American Samoa Department of Education. Auckland: Polynesian Press, 1978

About the Author

Galumalemana Afeleti Hunkin was born in Fale'ula, Western Sāmoa, in 1945. He became the foundation tutor of Samoan language and culture at the Pacific Islanders' Educational Resource Centre, Auckland, in 1977. Four years later he was appointed director of the Wellington Multicultural Educational Resource Centre. He is now a senior lecturer in Samoan studies at Victoria University.

Production Notes for Hunkin / GAGANA SĀMOA

Cover designed by Santos Barbasa Jr.
Interior designed by Lucille C. Aono in Minion Pro

Composition by Lucille C. Aono